Harricana

BERNARD CLAVEL | ŒUVRES

Bernard Clavel

Le Royaume du Nord
Harricana

Éditions J'ai lu

A la mémoire de l'Honorable Garon Pratte
qui m'a confié ce que je possède de plus précieux.

B. C.

« L'homme, on a dit qu'il était fait de cellules
et de sang. Mais en réalité, il est comme un
feuillage. Il faut que le vent passe pour que
ça chante. »

Jean GIONO

PREMIÈRE PARTIE

LE VOYAGE D'ESPÉRANCE

1

Au nord du Témiscamingue, l'immensité du plateau s'incline et monte lentement vers la ligne de partage des eaux. Noire et dentelée, la crête porte sur son échine de roche et de terre maigre une forêt d'épinettes qui barre le pays du levant au couchant. Les rivières cherchent le sud. De bassins en rapides, elles poussent leurs eaux souvent boueuses vers l'ample vallée du Saint-Laurent. Certains lacs sont pareils à des mers avec leurs côtes découpées que le ciel écrase dans les lointains. Le vent y soulève des tempêtes, les aubes étirent des buées mauves où le soleil vient émietter son métal. D'autres à peine plus larges que des étangs s'enchâssent entre les bois et les prairies.

Un chemin traverse le pays d'est en ouest, presque parallèle à la ligne des hauteurs. Durant un moment un ru l'accompagne, coulant sans heurts entre les touffes de joncs et les saules nains accrochés à ses rives de leurs racines nues, enfoncées dans l'humus noir ou crispées sur les graviers qu'elles retiennent à pleins doigts.

À gauche du chemin, à peine en retrait de quatre pas, une maison de planches au toit de papier goudronné regarde vers le large d'un petit œil carré que les dernières lueurs animent d'un éclat pareil à celui du ruisseau.

Un soir de septembre, au début de ce siècle, une bonne tiédeur rousse suintait d'entre ciel et terre, duvetant le plateau. Le crépuscule s'assoupissait. Le stylet de feu du ruisseau partageait en deux la pénombre, enfonçant sa pointe émoussée sous les arbres, là-bas, à quelques pouces du ciel. Le temps était calme. Un vent d'est à peine perceptible couchait la fumée bleutée qui sortait du tuyau de fer perçant le toit.

Assis sur une vieille caisse branlante, le dos plaqué au mur de planches rêches qui conservait la chaleur de l'après-midi, un garçon de treize ans suivait du regard le chemin jusqu'à l'endroit où il se confondait avec les violets lumineux de l'horizon. À mesure que diminuait la lumière, la vision du garçon se brouillait. Le monde se partageait en deux : en haut la clarté, en bas une sorte de nuit mouvante que blessait l'éclat de l'eau. Une chouette frôla l'angle de la toiture, son vol ouaté brossa un instant le ciel et disparut. Le garçon eut un sursaut. Le silence se referma, enveloppant les mille murmures de la terre qui ne s'endort jamais tout à fait.

Un moment s'immobilisa, puis la porte de la maison s'ouvrit et l'ombre d'un homme s'imprima dans le rectangle de lumière découpé sur le sol de sable et de cailloux.

– Oh ! Steph ! T'es là ?

Même pour appeler, la voix conservait une douceur engageante.

Le garçon se blottit plus étroitement contre le mur. Une jointure de la caisse gémit. Sans colère, l'homme reprit :

– Stéphane ! Te cache pas. J'ai guère le goût de te chercher. Si tu manges pas en même temps que nous autres, t'auras rien ce soir.

Venue de l'intérieur, une voix d'enfant qui portait un rire clair ajouta :

– On te laissera rien, Steph ! Rien du tout !

Stéphane soupira. Se levant lentement, il s'accorda encore le temps de scruter l'ombre tout au bout du chemin qu'on ne devinait plus qu'à la longue plaie du ruisseau. Avec un peu de hargne, il grogna :

– Ça va... J'suis pas perdu.

Calmement, le père demanda :

– T'attendais encore ?

– Ouais !

– Je t'ai dit que c'est trop tôt. Il avait un tas d'affaires à régler. Ça se fait pas comme ça, tu sais. Même en se démenant, j'ai calculé : y peut pas être là avant une bonne semaine.

Le garçon émit un ricanement.

– Viendra ce soir. Je te parie tout ce que tu veux. Peut-être de nuit, mais y sera là avant demain. Je suis certain.

– T'es drôle, tout de même.

Le père posa la main sur la nuque du garçon qu'il poussa doucement vers l'intérieur en refermant la porte. Il y avait dans ce geste une tendresse qui sembla irriter Stéphane.

Le père était de taille moyenne. Son front dégarni fuyait en pâlissant vers une couronne de cheveux encore bruns. Ses yeux d'un beau velours châtain souriaient. Le garçon était blond et bouclé, grand pour son âge et maigre avec des muscles allongés sous sa peau claire. Beau visage régulier, mince et déjà anguleux, de grands yeux limpides, entre le bleu de la joie et le gris de l'inquiétude. Sur une chemise blanche rayée de marine, le père portait une salopette à plastron et à bretelles, délavée et rapiécée. Son fils avait une culotte de toile d'un brun pisseux et un maillot sans manches, jaunâtre, dans lequel il se trouvait à l'étroit.

La cuisine s'éclairait d'une lampe à pétrole suspendue par une torsade de laiton à une grosse crosse plantée dans une poutre et recourbée vers le haut. Le bois du plafond était sombre, presque noir au-dessus de la lampe et de la cuisinière. Cette cuisinière de fonte à deux trous ressemblait à un insecte avec ses longues pattes grêles largement arquées. Sa gueule aux dents grises rougeoyait. Une forte odeur de feu mêlée de soupe au lard emplissait la pièce. Quelque chose de chaud qui ne venait pas seulement du foyer vous enveloppait.

À une table de sapin dont les nœuds saillaient comme de gros yeux exorbités, un garçon plus jeune que Stéphane était assis à côté d'une fillette de six ans. Brun de cheveux comme son père; le garçon avait le même regard de douceur un peu inquiète. La fillette ressemblait à Stéphane, avec les yeux plus foncés de sa mère qui se tenait debout, une louche à la main, dans une attitude d'impatience que tempérait l'ironie de son sourire. La porte, en se refermant, modela un remous dans la buée qui montait de la soupe, et cette longue femme blonde en fut un instant vêtue comme d'un voile. Les petits soufflaient à bonnes joues sur leur assiette déjà pleine. Nerveuse, la main gauche de la mère enveloppa d'un patin de tissu la queue d'émail rouge de la casserole qu'elle souleva. Elle se déplaça d'une démarche souple avec un mouvement ondulant de tout son corps qu'on devinait libre sous la robe de cretonne bleue à minuscules fleurs blanches. Elle passa derrière les petits en tenant sa casserole au large. Ses gestes pour servir le père et Stéphane, qui avaient pris place en face des enfants, témoignaient d'une aisance parfaite. Son regard vif voleta d'une assiette à l'autre, elle gagna le bout de la table, se servit puis posa sa casserole sur le bord droit de la cuisinière, loin du foyer. Assise, elle fixa Stéphane qui l'observait. Il y eut un échange de regards, comme un duel hésitant. Avec un rire de gorge qui découvrit ses larges dents blanches, la femme lança :

– T'attends Raoul, hein ! T'es pas malin, va. Il est pas loin. Moi, je le connais, mon Raoul. Pas besoin d'ouvrir la porte, pas besoin de regarder dehors pour savoir où il est.

Elle prit le temps d'avaler deux cuillerées, puis elle eut un petit geste de la tête pour désigner la fenêtre. Il se fit un silence. Tous s'étant tournés de ce côté, la maison écoutait.

La clarté du couchant n'atteignait plus les vitres où la flamme de la lampe se reflétait, vacillant à peine. D'un ton de grand sérieux un peu appuyé, la mère reprit :

– Le voilà arrivé tout au bout du chemin. Vous savez, près du bois qu'on voit par temps clair. Juste l'endroit où les deux sentiers se retrouvent. La corne du bois touche quasiment la source.

Stéphane s'était mis à manger. Son souffle creusait dans la buée des mouvements d'orage. Il lança un regard de colère à sa mère qui éclata de rire :

– Si t'osais, tu me volerais dessus.

Les autres riaient aussi. Stéphane haussa les épaules. Il faisait un effort visible pour entretenir sa colère. La mère reprit :

– Je t'assure que c'est pas des blagues. Je le vois comme je te vois, ce grand vaurien. Tu le vois vraiment pas ?

– Moi je le vois, lança la fillette que Stéphane foudroya du regard en criant :

– Tais-toi, imbécile !

La mère ne prêta aucune attention à l'algarade. Se haussant du buste et s'inclinant à droite pour mieux observer la fenêtre, elle poursuivit :

– Juste comme y s'engage dans l'ombre des épinettes, voilà une bande d'Indiens qui lui tombe sur le paletot... Seigneur, mon pauvre frère !

Son visage s'assombrit soudain. Son front plissé, on la sentait prête à se lever. Gagnés par l'anxiété, les deux petits restaient tendus, la cuillère en l'air. Se tournant vers le père, elle fit :

– Tu devrais peut-être y aller, Alban.

Luttant contre son envie de rire, le père maugréa :

– Et ma soupe, elle sera froide, après !

– Tout de même, c'est mon frère.

N'y tenant plus, d'une petite voix pointue, la fillette cria :

– Vas-y, papa... Prends ton fusil.

La mère leva la main.

– Non, non. Te dérange pas. Oh là là ! si je m'attendais à ça !... Y a mon Raoul qui vient d'empoigner le plus gros de la bande par les chevilles comme on prendrait une hache, y te le fait revirer deux fois au-dessus de sa tête tellement vite que l'autre en a les yeux qui lui sortent des trous. Et que je te cogne dans le tas ! Vouaille donc les têtes qui se bugnent qu'on doit entendre péter ça à trois milles de là ! Ça dégringole pareil qu'au jeu de quilles.

Rouge jusqu'aux oreilles, Stéphane, qui s'était contenu à grand-peine, finit par lancer :

– T'as pas le droit, m'man ! Je te défends ! Je te défends !

Il ne put en dire davantage. Le rire des autres força le sien. Tout excité, son frère se mit à crier :

– Pan ! L'oncle Raoul ! Vouaille les têtes !

Comme il se démenait, la mère reprit son sérieux pour crier :

– Arrête, Georges. Tu vas renverser ton assiette. Allez, mangez, sinon vous n'aurez pas de lard.

Docile, l'enfant se remit à manger tandis que le père qui avait achevé sa soupe disait :

– Tu me fais rigoler, Catherine. C'est normal que les gosses rêvent à des sornettes du genre. Tu leur as toujours farci la cervelle avec des balivernes. T'y trouves encore plus de plaisir qu'eux.

Ils mangèrent un moment en silence, puis la mère prit son assiette vide et retourna vers la cuisinière. Piquant sa fourchette dans la casserole, elle en retira un bon morceau de lard, tout dégoulinant de bouillon fumant et sur lequel restaient collées quelques fèves. Elle les fit tomber en secouant, laissa la viande s'égoutter un peu et la posa sur son assiette pour la rapporter. Tandis qu'elle coupait des tranches, le père taillait dans une miche de larges chanteaux de pain gris. Le bruit de la lame entamant la croûte épaisse emplit un moment la maison, portant jusque dans les recoins habités d'ombre l'odeur du repas. Pain et lard distribués, le père observa :

– Le Steph, plus y grandit, plus y ressemble à Raoul. Ces deux-là feront une fameuse paire. Comme je vois les affaires embringuées, c'est sûrement eux qui vont nous mener par le bridon !

– Moi, se récria la petite Louise, c'est toujours pas le Steph qui va me commander. J'ai plus de six ans. Je me laisserai pas faire.

– T'as raison, ma chérie, approuva Catherine. C'est pas parce qu'on est des femmes qu'ils vont nous mener à la baguette. En attendant, mange ton lard qui refroidit. Quand c'est moitié figé, ça se digère mal.

– Elle en bouffera du plus froid en route, railla Stéphane.

– J'mangerai ce que je voudrai.

– Ce qu'on te donnera. Et faudra que tu marches. Et même que tu portes.

Le ton montait. La mère se fâcha :

– Taisez-vous ! Tout le monde marchera. Le plus grand montrera l'exemple.

– Je le montrerai, va ! Mais je veux pas...

Fronçant les sourcils, d'un ton tranchant, Catherine l'interrompit :

– Montre-le tout de suite. Tais-toi !

– Ta mère a raison, approuva le père d'une voix dont on sentait qu'elle n'était pas faite pour ordonner.

Il n'y eut plus que le bruit des fourchettes et des couteaux dans les assiettes.

Souvent, Stéphane s'arrêtait de mastiquer pour prêter l'oreille. Il lorgnait en direction de la fenêtre. À présent, la nuit adossée aux vitres enchâssait le reflet plus net de la lampe. On la sentait autour de la maison. Tout s'alourdissait de ténèbres. Le froid se coulait entre la volige et les planches du plafond. Les clous se rétractaient. Le bois craquait.

Le père se leva pour mettre deux bûches sur la braise. Le fourneau reprit son ronflement. Stéphane et sa mère échangèrent plusieurs regards. On y sentait une complicité qui ne s'avouait pas ouvertement.

Catherine venait de commencer à desservir lorsque la nuit qui s'immobilisait autour de la maison fut soudain habitée d'une présence nouvelle. À peine un froissement sur le sol de la cour.

Stéphane bondit.

Il se lève si brusquement que son tabouret

renversé va heurter les seaux de fer posés sous l'évier que domine la pompe à levier au corps de cuivre. Les anses font un fracas du diable. Les deux petits ont sursauté et Louise pousse un cri :

– Quoi ?

Le garçon est déjà à la porte. Il la tire à l'instant précis où une large main va atteindre le loquet. Un grand gaillard dont la chevelure filasse flotte au vent de nuit le reçoit contre lui en riant.

– Je le savais, dit Stéphane ému... Je leur ai dit... Y se foutaient de moi...

Le grand gars serre sur sa poitrine le garçon qu'il a soulevé. Il dit :

– J'ai pas fait de mauvaise rencontre. Rien de rien. Sûr que j'aurai tout de même quelque chose à raconter.

Reposant le garçon, il avance en flairant comme un chien.

– Maudit ! Ça sent bon. J'espère que vous m'avez gardé ma part, bande d'affamés !

Tous sont autour de lui, avec de beaux rires clairs, comme un grand feu.

2

Son fusil et son grand sac à dos déposés dans un angle, sous l'œil attendri des autres qui le contemplaient, Raoul Herman avait englouti la soupe et dévoré le reste du lard. Puis Catherine avait usé de toute son autorité pour coucher les deux petits tandis que Stéphane débarrassait la table et passait une loque mouillée sur le bois.

À présent, un voile de fumée bleue planait en ondoyant au-dessus des têtes.

Raoul était le contraire de son beau-frère qu'il dominait d'au moins trois têtes. C'était exact : son neveu lui ressemblait qui, pour l'heure, buvait ses paroles avec admiration. Renversé sur sa chaise, ses longues jambes croisées, le coureur de sentiers parlait, tirant à courtes bouffées sur une petite pipe élégante, au tuyau légèrement cintré.

– La ferme de Bonneterre, c'est la toute dernière. Le bout du bout. Après, t'as plus rien. C'est exactement le pays à la tête des eaux. Voilà pas loin de dix-huit mois que c'est vide. Bonneterre, tu parles ! En la baptisant comme ça, je pense qu'ils espéraient forcer la nature. T'as tout de suite trois épinettes accrochées à la roche. Faut quinze ans pour qu'un tronc devienne gros comme mon poignet.

Stéphane s'était assis à côté de son oncle, le couple en face, les coudes sur la table. La mère croisait ses mains nerveuses qui semblaient ignorer l'immobilité parfaite. Le père pesait du doigt de temps à autre sur les cendres chaudes d'un gros brûle-gueule. Son pouce large et spatulé portait un ongle épais, recourbé et bosselé sur toute sa surface. Presque timidement, il dit :

— Jusqu'à la fin du plateau, ça va. Après, c'est de la folie, on passera jamais.

— Bien sûr que si, fit calmement Raoul. Ce trajet-là, je le connais comme tu connais ta terre. Je l'ai fait vingt fois.

— Mes terres, grogna Alban, j'ai jamais eu le temps de les connaître vraiment.

Raoul était en train de rallumer sa pipe avec une brindille enflammée au foyer. Stéphane suivait chacun de ses gestes. Un brandon de la petite branche se cassa et tomba sur la chemise d'épaisse flanelle à carreaux rouges et noirs. L'oncle prit cette étincelle qu'il écrasa entre ses doigts.

— Ce chemin, disait Alban, je veux bien croire que tu l'as fait. Seulement, c'était avec des hommes solides. Des gars comme toi, qui savaient. Ou alors tout seul. Pas avec des gosses, une femme et tout un fourniment de ménage dans les canots et des provisions à ne plus savoir où les mettre.

Tandis qu'il parlait, le visage de sa femme

s'était durci. Son nez bien droit semblait plus mince, ses lèvres se serraient.

– Arrête ! lança-t-elle, frémissante. T'as rechigné quand on a reçu sa lettre, puis t'as accepté. Même que c'est toi qui m'as dit : À trente-quatre ans, on n'est pas vieux, on peut tout recommencer. Tu l'as dit ou pas ?

Alban Robillard eut un haussement d'épaules. Avec lassitude, il reconnut :

– Je l'ai dit. Mais depuis...

Elle l'interrompit :

– Alors, reviens pas dessus... C'est décidé, on recommence. On discute plus.

Calme mais sombre, abattu soudain, le père arrondissait le dos. Ses cheveux partaient en tous sens. Une mèche était collée à la partie dénudée de son crâne. Assise à sa droite, sa femme le dépassait d'une bonne tête. Lui regardait sa pipe au rebord tout rongé par le feu. Catherine l'observa durement un instant, puis, s'adoucissant, son regard se porta vers son frère et vers son fils. Alban soupira :

– Recommencer à zéro, ça fait trois fois.

– Ce coup-ci, affirma Raoul avec entrain, c'est le bon. Je peux te le dire... Souviens-toi, quand t'as voulu t'installer ici, je t'ai déconseillé. T'as essayé tout de même, tu as pas mis longtemps à te rendre compte. C'est pas de la terre à cultiver.

– Écoute-le, p'pa, dit Stéphane. Écoute-le. Faut pas reculer.

La mère haussa encore le ton :

– À présent que tout est préparé, tu vas pas renâcler. Depuis près de deux mois, je tricote, je couds des trucs chauds et j'prépare des baluchons. Cette fois, si tu renonces, j'te plante là avec les deux petits et je m'embarque avec Steph et mon frère. T'es prévenu. Je le ferai, tu sais !

Les mains d'Alban se séparèrent. La droite porta son brûle-gueule à ses lèvres, la gauche appuya sur la table. Tandis que la paume se soulevait, les doigts à plat s'écrasaient. Aux articulations, la peau devenait blanche. Vaincu, il soupira pourtant :

— Là-bas, la terre, personne a idée de ce que ça peut donner.

Le poing sec et nerveux de sa femme martela le sapin sonore.

— Pour la centième fois, j'te répète que la terre, là-bas, on s'en fout ! On fera autre chose qui gagne plus. Le tout, c'est d'arriver bons premiers. On aura que l'embarras du choix. Et ça, c'est une chose que tu me feras pas rater.

Alban regarda son beau-frère, puis son fils. Dans ses yeux, il y avait moins d'interrogation que de soumission. Il semblait dire : « Ma foi, puisque c'est comme ça, allons-y. Je m'en remets à vous. » Le garçon hésita, sembla quêter un instant l'approbation de sa mère, puis, revenant à son père, il laissa aller un sourire. Il dit avec beaucoup de douceur :

— Tu sais, p'pa, j'suis un homme. Tu me le dis chaque fois que je fais une bêtise. J'vais sur mes onze ans. Faut me croire. Je t'aiderai, p'pa... Mais moi, la terre, ça m'attire pas.

Il avait hésité avant les derniers mots pour finir par les lancer avec fermeté. Son père sourit en disant :

— T'es une bonne pomme, mon petit Steph.

Mais qu'est-ce que t'aimerais faire, dans ta vie ? Tu le sais pas, hein ?

Catherine s'était calmée. Elle fixa son fils qu'attira l'aimant de son regard. D'une voix redevenue douce, elle dit à son homme :

– Toi non plus, à son âge, tu savais pas…

Comme il se tournait vers elle, sans colère mais seulement en accélérant son débit, elle poursuivit :

– Oui oui, t'étais déjà à la charrue. Sûr et certain, mais t'avais pas choisi. La terre se trouvait là, ton père t'a pas demandé ton avis.

– J'aurais pas voulu autre chose.

– Tout le monde a pas cette chance.

Le grand Raoul intervint. Décroisant ses jambes et ramenant en avant sa carcasse osseuse, il retira sa pipe de ses lèvres, fit gicler un long jet de salive jusque dans les cendres entassées sur une plaque de tôle, sous le fourneau, et dit :

– Je crois que vous êtes en plein à côté de la cible, vous deux. Vous parlez de choisir comme si c'était possible. Choisir entre quoi et quoi ? Ici, la terre vaut pas un clou. Même si tu transpires dessus pendant dix ans, t'en tireras pas de quoi nourrir trois lapins. Faut pas parler de choix, faut se rendre à l'évidence. L'avenir peut pas être là. Mais y peut pas se tenir non plus vers le sud. Y a déjà trop de monde. Il est où on trouve encore personne… Personne ! Mais quand le train passera, les villes pousseront comme des champignons.

Stéphane ne quittait plus son oncle des yeux. De loin en loin, le coureur de bois se tournait vers lui et clignait son œil droit que le père ne pouvait voir. La mère hochait la tête, lançant parfois vers son homme un regard qui semblait seulement destiné à s'assurer qu'il ne dormait pas.

Lorsque Raoul se tut pour rallumer sa pipe, le garçon s'adressa à son père dont le visage reflétait une résignation un peu triste. Avec beaucoup de conviction, il dit :

— Tu sais, p'pa. Là-bas, si la terre est bonne et que tu décides de défricher, je te jure que je t'aiderai. Je ferai ce que tu me demanderas, sans renâcler.

Alban sembla mesurer ce que cette promesse coûtait à son fils. Son regard s'embua et ses paupières battirent tandis qu'il répondait :

— T'es gentil, mon p'tit gars. T'es bien gentil.

— S'il faut dessoucher, fit Raoul, tout le monde s'y mettra. Mais vous pouvez me croire : avant d'en arriver là, on aura tout essayé. Et si on ramasse pas l'argent à la pelle, j'veux bien me faire bonne sœur.

Ils se mirent à rire puis il y eut un long silence. Le vent de nuit s'était levé et chantait clair au pignon. Raoul Herman observa :

— C'est du nord-est que ça vient. C'est du sec.

Il avait posé sa pipe sur la table à côté de sa blague en vessie de porc. Il fouilla les poches de sa veste de peau suspendue au dossier de la chaise et en tira quatre autres pipes toutes différentes de forme, mais plutôt longues, avec de petits foyers. Deux avaient des tuyaux recourbés, les autres étaient droites et élancées, à l'image de l'homme. Il les disposa sur la table comme il eût fait des pièces d'un jeu. Le bois et la corne luisaient. Presque sentencieux, il déclara :

– Vous voyez, j'en ai pris cinq. Et du tabac en conséquence. Ça signifie que j'ai pas envie de revenir avant longtemps.

Sa sœur se mit à rire :

– Ça veut dire aussi que dans son foutu bled, on se trouve pas à la veille d'ouvrir un magasin général.

– Je te l'ai expliqué dans ma lettre : « Grayez-vous chaudement et prépare des provisions. » Le magasin général, si on sait s'y prendre, ça peut être nous qui l'ouvrirons. (Il rit.) Et si c'est pas nous, y vendront les pipes trop cher ! Plus c'est loin, plus faut payer.

Ils furent un long moment sans rien dire. Le magasin général était là, entre eux. Posé sur la table comme un gros morceau de pâte à pain que chacun devait retourner et malaxer à son idée. Même Alban s'y était laissé prendre. Il fut le premier à parler :

– Faudra un bon rayon d'outils. J'écrirai à Philipon. Y me dira chez qui se servir en gros, à Montréal. Y connaît, lui. Il avait toujours de la bonne marchandise à des prix raisonnables.

– Faudra aussi des graines et des choses pour le bétail, dit Catherine.

Raoul claqua l'épaule de son neveu et lança avec un grand rire :

– T'as vu ça, petit ! Les voilà embarqués. Je te parie que ta mère sait déjà où elle achètera les vêtements et la mercerie !

Feignant la colère, Catherine cria :

– Parfaitement, je l'sais ! Je connais une

petite fabrique qui fait du solide pour le travail. Du solide et du chaud, avec des grandes poches partout.

Un peu de rêve passa dans l'œil de Stéphane tandis qu'il disait, souriant :

– C'est ça, des vestes avec des grandes poches à rabat qui peuvent se fermer avec des boutons.

Alban demanda :

– Le nom de cette rivière où on va, on n'a pas bien pu lire sur la lettre ?

– Harricana.

Ils répétèrent tous le nom, gravement, lentement, pour s'en pénétrer.

Hochant la tête, Alban ajouta sans que ce fût vraiment sur un ton d'interrogation :

– Et ça coule vers le nord.

– Ben oui, tu sais, tout ce qui sort de terre après la ligne des crêtes s'en va par là-bas, vers la baie d'Hudson.

Comme son beau-frère demeurait songeur et sombre, écrasé sur sa chaise à retourner lentement sa pipe éteinte entre ses doigts rêches, Raoul adressa un regard à Catherine. Elle eut un mouvement de tête à peine indiqué en baissant les paupières. Quelque chose qui semblait vouloir dire en même temps que rien n'était perdu et que tout restait à redouter. Raoul hésita encore, puis, comme s'il se fût disposé à plonger, il prit une ample respiration, s'inclina lui aussi vers la table et se lança :

– Écoute bien, vieux. J'ai tout étudié, tu sais. En long et en large. Je me rends compte de ce que ça représente pour vous. Je suis pas assez fou pour vous embarquer dans un truc perdu d'avance. Ces terres d'Abitibi, tu les connais pas. Moi, j'ai entendu ce qu'en disent les savants.

Il marqua un temps pour chercher ses mots et Alban s'empressa de ricaner :

– Oh ! les savants !

– Laisse-le continuer, lança Catherine agacée.

Raoul reprit :

– Jusqu'à présent, y avait que nous autres à les pratiquer, ces contrées-là. Nous et les Indiens pour la traite des fourrures. De nos jours, voilà les prospecteurs qui arrivent. Comme en Ontario et aux États. Paraît que le sous-sol est plus riche qu'en Californie. C'est bourré de métal. Tout ce qu'on veut. L'or, l'argent, le cuivre. Tout. Rien n'a été exploité. C'est trop loin. Ça décourage les commanditaires. Seulement, le jour où le train passera, pouvez me croire, ça va changer. Sûr que ça fera du bruit.

Les regards s'étaient éclairés. Même celui d'Alban qui, pourtant, soupira encore :

– Nous autres, la mine…

– Mais, mille dieux, qui te parle de mine ? Faut être sur place avant que les mines s'ouvrent. S'installer. Attendre le flot. Monter un restaurant, un bastringue ou un magasin général.

Chacun devait l'imaginer à son envie, à sa fantaisie, à sa propre ambition, ce magasin. Sans doute l'enseigne de planches peintes était-elle déjà clouée au-dessus de la porte. Tous les quatre devaient la voir : « Magasin général Herman, Robillard et fils ». Raoul poursuivait :

– La mine, c'est malsain. Moi, je suis comme toi, Alban. Un homme de plein air. Veux pas m'enterrer vivant et j'aimerais pas que le Steph ou son frère soient obligés de le faire. C'est pourquoi faut pas attendre que les bonnes places soient prises. Faut s'organiser avant l'affluence. Je sais comment les choses se passent quand la meute rapplique. C'est la bousculade. Faut se trouver les premiers parmi ceux qui se tiennent à la sortie pour ramasser l'or que les autres vont chercher au fond. C'est ça, le fin du fin.

Cette fois, le sourire les avait tous gagnés. Ils regardaient le coureur de bois, attendant peut-être de lui davantage de détails, un peu plus d'espérance encore. Allait-il tirer de sa poche une énorme pépite d'or et la poser sur la table en lançant : « Voilà pour bâtir le magasin » ?

Non, il n'avait plus rien à leur apprendre. Mais la boutique était là, tellement présente que, déjà, ils se saoulaient de sa bonne odeur. L'arôme de tous les produits entassés sur les rayons neufs du plancher au plafond emplissait la maison trop exiguë.

– Quand donc voudrais-tu partir ? demanda Alban d'un ton où demeurait une ombre de crainte.

– Si vous avez tout préparé, on peut portager demain. Dans la journée, ça devrait se faire. Après-demain à l'aube, on embarque dans les canots.

Stéphane semblait contenir à grand-peine son envie de bondir sur la table en hurlant de joie. Son regard flambait, allant de l'un à l'autre. Il clignait de l'œil en direction de sa mère.

— Bon Dieu, souffla Alban, avec toi, ça traîne jamais.

— On est déjà le 6 septembre, observa Raoul, si on attend, on risque d'être bons pour passer l'hiver ici. Moi, un hiver ici, j'veux pas vous faire de peine, mais ça m'enchante vraiment pas.

Il faisait des yeux le tour de la pièce. Alban aussi regardait la maison qu'il avait bâtie de ses mains. Tous deux observaient les mêmes choses, mais ils ne les voyaient pas de la même manière.

Alban émit un long soupir, puis, allant taper sa pipe contre le rebord de la cuisinière où le feu faiblissait, il dit :

— Faut se coucher. On va avoir besoin de nos forces.

3

Trois fois déjà les Robillard avaient changé de place parce qu'ils ne s'entendaient pas avec les propriétaires qui leur louaient des lots. Puis, par un quatrième voyage, ils étaient venus ici pour être enfin sans maître. Pour faire de leurs mains une terre qui fût vraiment à eux. Leur parlant de cette contrée on leur avait promis la lune. La lune se révélait bien plus pauvre que le reste du monde.

Ce pays à la tête des eaux porte une étique crinière de résineux malingres, de mousses et de lichens. Râpée par les vents froids, elle pèle en maints endroits, montrant une carcasse de granit et de basalte.

C'était plus au sud qu'il eût fallu chercher à s'établir. Dans la cuvette lacustre du Témiscamingue, sur les terrasses dominant l'immense miroir des eaux profondes, depuis longtemps déjà se cultive le blé. La première poignée de grain, c'est un frère convers des Oblats de Marie-Immaculée qui l'a récoltée au milieu de l'été 1879. De belles graines lourdes et dorées, toutes chaudes de soleil; toutes gonflées du jus de la terre engraissée par des siècles de pourriture du sous-bois. Voisinant avec les forestiers ouvreurs de routes, le petit frère Moffet a fondé la première paroisse agricole de la Baie-des-Pères. Ainsi, partis du lac Kipawa autour duquel claquaient les haches de quelques douzaines de solides gaillards expédiés là par les grandes compagnies, des paysans ont remonté jusqu'aux rivages du Témiscamingue.

Jusque-là, mais pas plus loin. Ils se sont arrêtés avant ce territoire raboteux où semble commencer la taïga.

Mal informés, les Robillard avaient poussé plus avant, pour être seuls, pour disposer d'autant de terre qu'ils en voudraient. C'était au nord qu'ils avaient planté leur maison de rondins, à quelques verges de deux autres familles qui avaient renoncé au bout d'un an et repris la route de l'ouest.

Dans la langue imagée des Algonquins, Témiscamingue signifie « eaux profondes ». Cette étendue miroitante qui semble immobile coule pourtant lentement vers le midi. Elle est un ventre de l'Outaouais, une panse aux multiples enflures. Vers le nord, Indiens et coureurs de bois l'ont nommée « rivière des Quinze ». Quinze rapides cascadants, quinze portages longs et pénibles pour ceux qui montent à bord des canoës.

Si le pays n'appartient pas encore aux hommes, ce n'est pourtant pas d'hier qu'ils y viennent. Tous le convoitent. Sa démesure fascine les fous d'espace et d'inconnu. Depuis des siècles, gens de course et de trafic, de traite et de marché, de chasse et de découverte le pénètrent par ses cours d'eau. À La Passe, les restes du Vieux Fort édifié en 1720 par les soldats du sieur de Vaudreuil disparaissent sous le roncier.

Mais les âges de l'homme ne sont rien en regard des millénaires du sol. Parmi les premières à sortir du magma, cette écorce éruptive se souvient. Elle conserve la trace du lent passage des glaciers. Le recul du froid s'est éternisé ici, essayant de creuser cette croûte volcanique, enrageant devant la rudesse de cette cuirasse.

La terre n'oublie rien : celle-ci continue d'appeler l'hiver.

Elle l'appelait, cette nuit d'automne où les Robillard couchés dans leur demeure pour la dernière fois rêvaient d'autres lieux plus généreux. Sous les fourrés accroupis, dans l'ombre squelettique des épinettes noires, à l'abri des buissons rabougris, un peuple minuscule et innombrable cheminait vers sa longue léthargie. Mille et mille insectes fouissaient l'humus sous la prêle rampante, entre les racines vermiformes des algues terrestres mêlées aux mousses nourries de mousses en putréfaction. Mille et mille diptères s'enfonçaient vers la nuit tiède de leurs futures métamorphoses, cherchant leur chemin secret entre les linnées boréales et les viornes malingres. Des millions d'hexapodes creusaient leurs galeries entre les cailloux, s'enfonçant sous les blocs, perçant la moraine, fouillant avec délices les tourbes odorantes tantôt compactes et noires, tantôt limoneuses. Ce monde laborieux travaillait des élytres, des corps annelés, des ailes et des pinces pour transporter par des itinéraires compliqués tout un trésor de graines, de miettes de feuillages, de débris animaux et de sable. En ces contrées qu'on prétend désertes, en ces lieux que l'homme refuse d'habiter, où le paysan parlait de terres mortes et renonçait à pousser sa charrue, des myriades d'infiniment petits labouraient les profondeurs pour s'y multiplier. En cette nuit de septembre déjà froide, se préparait l'éclosion du printemps à venir.

Sous les bois d'épinettes, de sapins baumiers, de mélèzes laricins et de pruches écailleuses chevauchant la ligne de partage des pluies et fermant l'horizon d'un trait de fusain écrasé, le tapis des lycopodes souvent recouvert d'aiguilles recelait des légions de minuscules larves de mouches noires, simulies, moustiques et maringouins. Dans les crevasses de roches nourries de glaise, des colonies de campagnols à dos roux, de lemmings, de souris et de rats musqués parachevaient leurs terriers, amoncelant dans des salles aux parois lisses comme du marbre la litière des futures nichées. Leur récolte engrangée, tous ces rongeurs s'endormiraient pour des mois, économisant leur souffle et leurs forces.

Dans les lacs et les rivières, les bancs de jeunes ombles ondoyaient, poursuivant leur cueillette des larves de libellules engraissées d'œufs de moucherons.

Sous le silence d'une nuit où le vent s'accordait encore de longues haltes, la saison des rouilles cachait cette fébrilité qui saisit la faune à l'approche des interminables mois de blancheur et de gel.

Libérés des moustiques de l'été court et brutal, renards et loups, ours noirs et blaireaux hâtaient leur chasse. Le caribou et l'orignal traversaient les rivières en longues files ondulantes portées par les courants et qui laissaient derrière elles un sillage trouble où le poisson montait, curieux et vorace.

Le temps trompait le monde.

Le vide apparent engendré par la fin du crépuscule dont les dernières braises étaient mortes étouffées par les cendres de la nuit, grouillait d'un travail dont rien n'affectait la progression. Cette fièvre était inscrite dans la nature des choses.

Plongés dans le sommeil ou attachés à quelque rêve éveillé, les rares humains vivant sur ces contrées progressaient au même rythme secret vers les longs mois d'hiver. Noyés dans les ténèbres, les regards avaient la quiétude de ce ciel à présent immobile où, pourtant, la lumière continuait son périple.

Durant une heure, chaque ruisseau, chaque lac, chaque marécage, chaque rivière avait taillé sa plaie dans la terre. Le soir avait passé, marquant la forêt à grands coups de lanière. Puis, un long moment, tout s'était fondu sous des frottis charbonneux où l'œil d'or de la maison isolée demeurait seul à veiller comme veillent les humains. Dès l'instant où il s'était éteint, la nuit totale, épaisse, s'était allongée, envahissant ce désert aux profondeurs habitées sur lequel pleurait doucement le vent de nuit.

4

Le grincement de la porte réveilla Stéphane. Un filet de jour déjà vigoureux cernait le rideau en lourde toile à sac que sa mère avait confectionné pour la fenêtre. Le garçon tendit l'oreille. Son frère dormait encore. Louise se trouvait dans l'autre pièce, sur un petit lit, au pied de celui qu'occupaient les parents. L'oncle Raoul avait dormi par terre, entre la couchette de Georges et l'angle derrière la porte. Stéphane se dressa sur un coude et s'efforça de voir, mais trop peu de jour entrait là. Il se leva sans bruit. Pieds nus sur le plancher glacé, il avança lentement. Le sac de couchage de l'oncle était vide. Il se baissa, palpa l'intérieur où demeurait une tiédeur moite.

En trois pas, Stéphane fut à la fenêtre dont il souleva la tenture râpeuse qui dégageait une forte odeur de terre et d'herbe sèche. L'oncle Raoul approchait du ruisseau, se dirigeant vers l'endroit où la berge de gravier descend doucement jusqu'à une roche plate, inclinée et bien lisse, qui servait à la mère pour battre sa lessive. Torse nu, pieds nus, Raoul portait sur son épaule une serviette dont le blanc était aussi lumineux dans cette aube que sa toison de lin tout ébouriffée. Son pantalon de peau dont les lacets défaits traînaient derrière lui n'était retenu à sa taille par aucune ceinture et semblait trop grand pour lui. Stéphane laissa retomber le rideau, alla jusqu'à son lit où il prit sa culotte, puis, revenant à la fenêtre il regarda de nouveau et hésita. L'oncle venait d'enlever son pantalon qu'il posa sur l'herbe couverte de gelée blanche. Dessus, il plaça aussi sa serviette et un petit sac qu'il tenait à la main. Le garçon frissonna au moment où le grand coureur de bois, descendant sur la roche, entra dans l'eau jusqu'aux genoux. Le ruisseau fumait. Le ciel à peine rosé colorait cette buée. Lorsque Raoul, se penchant en avant, se mit à se laver en s'aspergeant de la tête aux pieds, Stéphane murmura :

– Vouaille ! l'a pas peur, lui !

Les épaules, le dos et la poitrine de Raoul s'étaient mis à fumer bien plus que le ruisseau. Il luisait, comme verni par la lueur venue de l'est. Le ciel s'appuyait sur des lointains parfaitement rectilignes où flottaient des haillons mauves. Ce grand corps se détachait sur l'espace encore tout charbonneux du nord-ouest. Les copeaux de la nuit encombraient les bois.

L'oncle était beau. Ses gestes faisaient rouler sous sa peau des muscles longs comme des cordages sans cesse tendus et détendus. Son poil blond, à peine plus foncé que ses cheveux, naissait très haut sur toute la largeur de sa poitrine. Il s'étranglait en un courant plus charnu pour couler entre les seins dont les pointes viraient au violet. Il descendait droit jusqu'au nombril qu'il contournait de chaque côté. Après cet îlot d'ombre, il se resserrait pour s'élargir de nouveau dans un large enveloppement du sexe.

Raoul venait de s'asseoir sur la dalle, au ras de l'eau. Prenant du sable à poignées, il se frotta énergiquement les pieds, passant ses longs doigts entre ses orteils, enveloppant ses talons d'un mouvement de sa paume ouverte en corolle. Relevé, il piétina un moment en éclaboussant. Ses fesses portaient la marque de la dalle, comme une double lune plus pâle à l'endroit où il s'était assis. Il s'essuya vigoureusement, enfila son pantalon et, ramassant le petit sac par son lacet, il le lança en l'air de la main droite pour le rattraper de la gauche. Sa serviette à cheval sur la nuque, il revint à la maison. Des boucles de ses cheveux restaient collées à son front. Il souriait comme s'il eût parlé à quelqu'un.

Dès qu'il eut disparu de son champ de vision, Stéphane enfila sa culotte, sa chemise et ses bottillons, puis rejoignit l'oncle dans la salle.

— Tiens, v'là mon costaud ! lança l'oncle.

— Tu reviens déjà de dehors ?

— J'viens de me laver. Et tu devrais bien en faire autant.

— Pas dehors, dit le garçon en se dirigeant vers l'évier de fonte sous lequel il prit une petite bassine émaillée bleue dont le fond portait un œil noir énorme.

— Tu vas tout de même pas te laver comme une gonzesse avec trois gouttes de flotte.

Stéphane se mit à rire. Prenant la grosse

bouilloire encore tiède dans le four du fourneau, il versa la valeur d'un litre d'eau dans
la cuvette.

– Merde ! éclata Raoul ! Avec de l'eau
chaude encore ! Tu vas voir quand on sera en
route, si je vais pas te foutre à poil dans les
lacs, moi !

Tandis que le garçon se lavait le visage en
prenant un peu d'eau au creux de la main,
l'oncle tirait de son petit sac de peau un minuscule miroir rond serti de métal blanc et sur-
monté d'un crochet. Il le suspendit à un clou
planté dans le montant central de la fenêtre.
Venant mouiller son blaireau sous la pompe,
il se mit à faire mousser le savon. Les muscles
de son épaule et de son bras droit, ceux de
son dos et de son cou travaillaient sous la
peau, bien huilés, un peu à l'étroit, semblait-il,
dans leur gaine. Le garçon l'observait. Il y
avait dans sa façon de faire, dans son attitude,
dans l'arrondi de son coude et de son poignet,
lorsque le blaireau montait vers la tempe gauche, quelque chose qui exprimait comme une
volonté de calme, une assurance parfaite, une
distinction aussi. Lorsqu'il eut le visage tout
enfoui sous une épaisse couche de mousse
immaculée, il se tourna vers son neveu, lui
tendit la boucle de sa large ceinture de cuir
fauve et dit :

– Tiens-moi ça. Solide comme un roc.

Stéphane passa ses deux index dans la boucle
et ferma les poings.

– L'envers tourné vers le haut ! Qu'est-ce
que tu veux que je foute de l'endroit, rigolo !

Il feignait la colère. Lorsqu'il parlait, des

34

flocons de mousse partaient de ses lèvres pour tomber lentement en fondant. Il empoigna la pointe de la ceinture de sa main gauche et, tirant bien pour tendre cette lanière, il se mit à repasser son rasoir. La lame bleutée sifflait sur le cuir, lançant un éclat à chaque extrémité de sa trajectoire, lorsqu'il la tournait d'une vive rotation du poignet.

– Si t'avances, tu te fais enlever un doigt !

Stéphane riait, bandant ses muscles dans la joie d'opposer sa force à celle de l'oncle. Le jeu dura un bon moment, puis Raoul se savonna de nouveau avant de faire chanter le rasoir sur sa peau que ses longs doigts tiraient vers le haut. Il en était à laver son matériel sous le jet de la pompe qu'actionnait Stéphane, lorsque les parents sortirent de leur chambre. La mère portait une blouse bleue à petits carreaux blancs sur une chemise de nuit rose qui tombait sur ses pieds nus. Le père était déjà habillé, le col de sa chemise ouvert. Il alla vers l'évier.

– Salut. Vous en menez, un branle !

Raoul s'écarta et Stéphane continua de pomper tandis que son père se passait la tête sous l'eau froide en s'ébrouant à grand bruit.

– Le Steph, fit Raoul, y se lave juste le bout du nez. Et encore, lui faut de l'eau tiède, à cette fillette.

Le garçon lâcha la pompe et se lança sur son oncle qui venait de ranger son matériel de rasage. Ils luttèrent un moment, le neveu de toutes ses forces, l'oncle s'amusant à esquiver ses prises.

– Arrêtez ! lança Catherine, vous allez me casser quelque chose !

– On arrête, fit Raoul.

Prenant le garçon par un bras et une jambe, il le souleva la tête en bas et cria :

– Ouvre la porte, Alban, j'vas le foutre à l'eau, ça le calmera !

Une main crispée au pantalon de l'oncle, le garçon se débattait en braillant :

– Non !... Non !... Pas la flotte.

Le père ouvrit la porte au moment où les deux autres enfants paraissaient, riant à s'étrangler et criant :

– Oui ! Au ruisseau ! Au ruisseau !

Arrivé sur le seuil, Raoul posa Stéphane, puis, revenant sur ses pas, il bondit vers les deux autres qu'il ramassa d'un seul mouvement comme un moissonneur fait d'une brassée de paille.

– Ah ! vous en voulez aussi, vous allez en avoir !

C'était une cacophonie de cris et de rires, avec la voix de la mère dominant parfois :

– Attention ! Mon fourneau ! Mes casseroles !

Mais elle riait aussi. Elle rit davantage encore lorsque son frère, posant les petits, l'enleva à son tour dans ses bras en proposant :

– Allez, c'est la maman qu'on y met !

Stéphane et Louise approuvèrent, poussant leur oncle vers la porte tandis que Georges s'accrochait à lui de toutes ses forces en suppliant :

– Non, pas maman ! Pas elle ! Moi si tu veux, pas elle !

Le grand coureur de bois posa son fardeau et, soulevant le petit, il l'embrassa fort en répétant :

– Mon p'tit gars, mon p'tit gars, t'es le plus brave, toi ! T'es l'meilleur.

Lorsque le calme revint, ce fut Alban qui conclut avec un hochement de tête et une moue :

– Eh bien ! mes gaillards, si c'est la rigolade comme ça tout le long du chemin, c'est souvent que les canots vont verser.

Raoul achevait de se vêtir. Son visage était redevenu grave. Posant sa large patte sur la nuque de Stéphane, il dit lentement :

– Non. La rigolade, ce sera pour quand on sera arrivés. Les canots, c'est du sérieux... Moi et le Steph, on prendra le plus chargé. Celui où il y aura le gros du matériel. Et on ouvre la route. Vous deux, vous prenez l'autre avec les petits. Et vous suivez. Si les eaux sont bonnes, si on a bon vent sur les lacs, j'ai calculé qu'en vingt jours on peut être rendus.

– Avec tous les portages ? demanda Alban.

– Avec les portages.

Son regard clair fit le tour de l'assemblée comme s'il avait voulu à la fois évaluer les forces de chacun et faire passer le fluide de sa propre volonté.

– Pour porter, fit-il, faudra prévoir des charges à la mesure de chacun. Moi, j'veux pas de fainéant dans mon équipe... Celui qui fait rien, y mange pas. C'est la règle ! Et on pourrait aller jusqu'à le laisser en route.

5

Le sentier conduisant à la rivière des Quinze en amont des rapides était long d'environ deux milles et relativement aisé. Sur ce relief à peine marqué de légères dépressions, la piste allait presque droit, montant un peu pour redescendre à mi-parcours dans un fouillis d'aulnes sur lesquels s'appuyaient de longues viornes pour la plupart desséchées.

Dès le premier voyage, Raoul qui ouvrait la marche avait hissé sur sa tête le fourneau noir qu'il tenait par les pattes. La fonte reposait sur une sache pliée en quatre. Le grand gaillard se tenait aussi droit que s'il eût avancé avec son sac à dos. Stéphane le suivait, portant sur son épaule une vieille valise de cuir aux fermoirs rouillés et qu'on avait dû ficeler avec des liens à gerbes. Derrière lui, Georges suivait avec une balle de tissus qu'il faisait souvent passer d'une épaule sur l'autre. Alban fermait la marche. Sur son dos voûté, un énorme ballot contenant un matelas plié en deux, encordé à l'intérieur d'un lit-cage refermé. Il le maintenait en équilibre de la main gauche,

portant de la droite un panier empli de casseroles.

Ils avançaient d'un pas raisonnable, soufflant
un peu fort et geignant lorsqu'une pierre roulait sous un pied. Le plus à l'aise semblait
être Raoul qui tardait à donner le signal de
la halte.

Pour poser sa charge, il s'accroupit et, dès
que deux pieds de la cuisinière furent au sol,
il se dégagea lentement, l'empêchant de basculer. Redressé, il secoua sa tête comme pour
remettre en bonne place ses vertèbres cervica-
les, leva le menton très haut puis le rabaissa
sur sa poitrine. Les autres l'observaient. Alban
qui venait de se décharger lui aussi s'approcha
en demandant :

– On change ?

– Jamais. Le corps s'habitue à une charge.
Je vais vous dire une bonne chose : rappelez-
vous bien ce que vous portez. Chaque fois,
on reprendra les mêmes colis, toujours dans
le même ordre. J'veux pas avoir à le répéter.

Il ne plaisantait plus. Les deux garçons qui
s'étaient assis sur leur bagage l'écoutaient gravement. Stéphane se releva et demanda :

– Les canots, t'es certain qu'y sont là ?

– Certain. J' les ai payés. Quand tu payes
d'avance un Indien, y se ferait couper en
morceaux plutôt que te manquer de parole.

– C'est des bons canots ?

– Les meilleurs que tu puisses trouver.

Sur cette affirmation, Raoul se baissa,
poussa en avant la cuisinière qui leva deux
pattes. Il se glissa dessous et se redressa lentement pour reprendre sa route.

Dès qu'ils débouchèrent du fouillis qui bordait la rive, ils découvrirent les canots côte à côte à quelques pas du bord, dans une petite crique où se formait un beau remous ample et majestueux. La rivière, large de près d'un demi-mille, coulait lentement, avec, du côté de l'amont, un coude où l'on devinait un évasement.

S'avançant sur la berge, ils posèrent leurs fardeaux le plus près possible des embarcations. Lorsqu'ils se retournèrent, deux Indiens se tenaient debout derrière eux, impassibles.

Raoul parla avec eux dans leur langue que les autres ne connaissaient pas. Il y avait un petit vieux tout sec, accompagné d'un garçon long et maigre qui devait avoir à peu près l'âge de Stéphane. L'un et l'autre étaient en haillons très sales. Une forte odeur venait d'eux.

Quand les palabres en algonquin furent terminées, le plus jeune dit en français :

— On vous souhaite la chance. Le père dit qu'il aimerait monter avec vous. Il est trop vieux. Y veut pas mourir loin du village.

— Et toi, demanda Stéphane, tu veux pas venir ?

L'Indien sourit. Une lueur d'envie passa dans ses yeux.

— Moi, fit-il, je rentre avec le père.

Ils dirent encore quelques mots en algonquin, ramassèrent un rouleau de tissu et un sac près d'un foyer éteint, puis ils s'éloignèrent lentement, suivant la rive vers l'aval pour disparaître bientôt sous le couvert.

— Un vieil ami, dit Raoul. Très brave

homme. Le plus fort pour construire les canots.

L'oncle quitta ses bottes et entra dans l'eau pour ausculter les embarcations, prendre en main les pagaies puis regarder à l'intérieur d'un long sac plat cousu à gros points.

– Qu'est-ce que c'est ? demanda Stéphane.

– Tout ce qu'il faut pour réparer si on touche une roche.

Lorsqu'il revint se chausser, Alban s'informa :

– Alors ? Ils sont bons ?

– On peut y aller de confiance.

Au retour, Raoul porta le petit Georges sur plus de la moitié du trajet, prétendant qu'il ne fallait pas laisser refroidir les muscles. L'enfant riait et le père disait au coureur de bois :

– Je sais pas comment t'es fabriqué, toi. J'ai pourtant l'habitude du travail dur, je crois bien que tu me crèverais.

La journée avança dans la fatigue, jusqu'à faire lever en eux une espèce de brume qui les accompagnait de voyage en voyage, s'épaississant à mesure que la chaleur progressait. La sueur ruisselait sur les fronts, collant aux tempes des mèches de cheveux. Lorsqu'ils revenaient à la maison, ils buvaient de grands gobelets d'eau puisés à même les seaux et mouillaient leur tête sous le jet de la pompe. Seul Raoul continuait de rire et de plaisanter :

– C'est rien, lançait-il. Un portage pas mal long, mais en terrain facile. Quand vous serez dans les épines et les roches, vous entonnerez une autre chanson.

Après leur quatrième voyage, Catherine qui avait achevé l'emballage se mit à porter avec eux et Louise aussi pour qui sa mère avait préparé quelques petits baluchons. Stéphane retrouva la vigueur de lancer :

– Je te l'avais dit que tu porterais. Demain, c'est l'fourneau, puis ton lit qu'on te foutra sur le dos.

L'enfant ne répondit pas. Elle trottinait devant sa mère, une balle de linge sur la nuque. Ses petites mains s'accrochaient à la courroie ceinturant la couverture qui enveloppait le tout. Elle s'arrêtait souvent sur le bas-côté, soufflait, laissait les autres aller leur train, puis, empoignant son colis d'une autre manière, elle se remettait à courir, courbée sous le poids ou penchée sur le côté, le corps en déséquilibre.

Au retour, elle chanta tout le long sur les épaules du coureur de bois qui trouvait encore la force de piquer çà et là un temps de galop.

À présent qu'il ne restait plus que des balles ficelées, les deux hommes, Catherine et Stéphane portaient à l'indienne, avec sur le front une large lanière de cuir soutenant la charge.

Lorsqu'il n'y eut plus que pour deux voyages, Catherine et les enfants passèrent en revue la maison tandis que Raoul et Alban démontaient la belle pompe au corps de cuivre.

– Celle-là, dit Alban, elle a l'habitude d'être transbahutée.

– Sûr que c'est une bonne pompe.

– Je l'avais fait venir de Montréal quand on était près de Trois-Rivières.

Alban passa son large pouce sur l'endroit où le cylindre luisant portait la marque gravée : « Imperial Pitcher Pump ».

— Tu vois, fit Raoul en riant, elle t'a toujours tiré de l'eau, à présent, c'est toi qui vas la tirer sur l'eau.

Avant l'ultime voyage, ils demeurèrent un moment assis sur les bancs de bois, accoudés à la table qu'ils ne pouvaient emmener. Louise et Georges exténués étaient restés près de la rivière.

Alban examinait la grande pièce où ils allaient abandonner ce qu'il avait menuisé avec du bois débité et équarri sur place, à force de sueur. Son front portait la double marque de la courroie et de son chapeau qu'il venait d'enlever. Son visage s'était assombri. Avec un tic nerveux qui lui déformait la joue droite, il tirait sur sa pipe éteinte, mordillant le tuyau de corne.

— Laisser tant de choses qu'il faudra refaire, soupira-t-il, c'est un crève-cœur. Quand on déménageait à voiture, au moins, on emportait tout.

— Et encore, dit Raoul, je te jure que les canots seront chargés à bloc.

— Je sais... C'est de la folie.

Il avait à peine soufflé cette phrase. Nul ne réagit. La fatigue pesait. Stéphane se tenait la tête à deux mains, les coudes sur la table, fixant le bois qu'éclairait le jour entrant par la porte grande ouverte. À la place de la cuisinière, le plancher portait quatre marques de rouille. La tôle avec les cendres restait là. Contre le mur, les casseroles avaient dessiné des marques en demi-cercle. À côté de l'évier, les planches montraient des coulures. Au-dessus, c'étaient des éclaboussures. Les deux portes des chambres entrouvertes découvraient le plancher vide où traînaient des papiers froissés et quelques morceaux de tissu. Les rideaux de toile à sac des fenêtres avaient été utilisés pour envelopper les matelas.

— Faut pas s'éterniser, dit Raoul en se levant.

Sa sœur l'imita sans mot dire. Elle avait le visage fermé, presque dur. Stéphane se leva à son tour, puis le père qui sortit le dernier en tirant la porte. Comme pour s'excuser de ce geste, il murmura :

— Vaut toujours mieux. Peut en venir d'autres.

— T'as raison, fit Raoul, ça s'abîme moins vite. Même si personne s'installe, ceux qui passeront pourront toujours s'y abriter une nuit. Ça fait plaisir, quand on est trempé.

Déjà Catherine s'engageait sur le sentier. Sa démarche était moins souple, son corps un peu plus écrasé par le poids des deux sacs qu'elle portait. Sa charge n'était pas plus importante qu'aux voyages précédents, mais sans doute, à l'instant de quitter pour toujours cette demeure, avait-elle éprouvé le pincement au cœur jusqu'alors repoussé.

Raoul et Stéphane se chargèrent et prirent la sente derrière elle. Alban hésitait encore, le regard rivé à ce lopin gagné sur la nature à grand-peine. Quelques grosses souches qu'il n'avait pu arracher demeuraient, noires encore des brûlis. Sans se retourner, le coureur de bois lança :

— Ça suit, là-derrière ?

Résigné, Alban hissa son fardeau, ajusta la

courroie sur son front avant de recoiffer son chapeau et allongea le pas pour rattraper les autres.

À leur première pause, lorsqu'ils se retournèrent, l'ombre montait déjà des replis de terrain, pareille à une eau trouble. S'embrumant imperceptiblement, le ciel ne laissait plus filtrer du crépuscule qu'une clarté incolore qui sentait l'hiver. Les épinettes et les buissons où s'accrochait un vent hésitant se confondaient déjà. La végétation se rapprochait du sol comme si tout ce qui essayait de vivre là eût tenté d'échapper aux dernières lueurs. Seule la maison conservait une certaine densité dans cet univers sans formes ni bornes. Avec ses angles vifs, elle semblait immuable, ancrée sur cet océan charbonneux pour des éternités.

Alban laissa aller un gros soupir et dit :

– Je sais comme ça fait, quand il aura passé deux hivers dessus, il en restera pas gros.

Très haut dans le ciel, un triangle d'oies sauvages ondulait, la pointe vers le sud. Leur route était à l'inverse de celle que suivaient Raoul Herman et les Robillard. Elles fuyaient les froidures promises; loin au-dessus des contrées noyées d'ombres, elles naviguaient encore dans la pleine lumière.

6

Lorsqu'ils atteignirent la grève où s'empilait leur déménagement, le crépuscule alourdissait les terres. Les rives devenaient dures au long des eaux où basculait le ciel. Aussi prompte à fondre qu'à raidir les articulations, la fatigue des enfants semblait s'être envolée. Pour tromper l'attente, Georges et sa sœur avaient commencé de jouer. Montrant l'entassement de meubles et de paquets, le garçon cria :

– C'est notre fort ! Vous avez pas le droit d'approcher.

Secouant lui aussi son éreintement, Stéphane se précipita en gesticulant sur une monture imaginaire qui le secouait fort.

– J'attaque avec des flèches à feu ! Vous allez griller dans votre baraque !

– T'as pas le droit, piaillait Louise. Hein, m'man, qu'il a pas le droit ?

Raoul se mit à rire en demandant à sa sœur :

– Tiens donc, voilà que c'est toi qui fais les lois de la guerre, à présent ?

Georges tentait de repousser les assauts de

son frère en le menaçant de son bras tendu et en s'époumonant :

— Pan ! Pan ! Tchic ! Tchic ! T'es touché... Je te dis que t'es touché. T'en tiens. Couche-toi.

La petite trépignait en criant :

— Il est touché. Maman, dis-lui qu'il est touché !

Les adultes les regardèrent un moment, gagnés par cette joie qui repoussait toute tristesse et semblait vouloir prolonger la journée. Cependant, l'ombre rampait sur les terres d'alentour, atteignant la partie des eaux que la berge opposée dominait de son corps épais où les violets étouffaient par leur base les feuillages d'automne tout chargés de leur propre lumière.

— Oh là ! tonna Raoul. Enterrez la hache de guerre, on va jouer à autre chose !

La bataille connut un flottement, comme si les deux armées ennemies eussent hésité à conclure une trêve suspecte, puis un cri à trois voix jaillit :

— Ouais ! C'est l'oncle qui mène !

— D'accord, fit Raoul, on va jouer aux coureurs du Grand Nord. Faut monter la tente et allumer un feu avant que les loups viennent nous attaquer.

Tout en parlant, il avait tiré son fusil de dessous la bâche. Le posant sur le lit replié, il expliqua :

— Nos armes sont là. Faut toujours les avoir à portée de main. Qu'est-ce que t'attends pour sortir le tien, Alban ?

Le père s'exécuta.

– C'est bien. À présent, tu fais la corvée de bois avec Georges. Catherine fait la tambouille, c'est elle qui donne les ordres à ceux du feu. Moi et mon associé, on s'occupe du campement.

– Et moi ? demanda la petite.

– Toi ? Ben, tu aides ta mère. Et tu surveilles. Si les loups arrivent, tu cries.

Tout devenait fête. Bientôt, la grosse fleur d'or du feu s'ouvrit à mi-distance de la tente et de l'eau. Tout de suite, son éclat repoussa la lueur restée prisonnière des rives. Les deux canots dormaient, posés sur leur reflet ondulant. Quelques abois montèrent des fourrés.

– On dérange le renard, fit Raoul. Demain, y viendra fouinasser ici dès qu'on aura levé le camp.

– Moi, j'ai pas peur des gros chiens noirs, fit Louise fièrement. J'en ai vu tout près de la maison.

– C'est les ours qu'elle appelle comme ça, expliqua Catherine. Avec elle, faut se méfier, elle irait facilement les caresser sous le menton.

– En tout cas, rappela Raoul, vous savez ce que je vous ai dit : pour la nuit, faudra que les provisions soient couvertes, et le plus près possible de la tente. Les ours, ça craint ni Dieu ni diable et ça ravage tout ce qu'on laisse traîner. C'est des bêtes qui sont juste là pour t'apprendre à avoir de l'ordre.

Des nocturnes commençaient à ululer, se répondant d'une rive à l'autre. En amont, une masse noire de forêt avançait jusqu'à s'incliner sur l'eau. Elle semblait rassembler autour d'elle tout le poids de l'ombre de plus en plus lourde. Louise s'accrocha à la robe de sa mère en disant :

— Moi, m'man, j'ai pas peur, hein ?

— Bien sûr que non. De quoi pourrais-tu avoir peur ?

L'enfant hésita, regarda tout autour avant de dire :

— De la nuit, un petit peu.

— On peut pas avoir peur de la nuit, ma chérie. La nuit, c'est rien du tout. Y a les mêmes choses que la journée, simplement, on les voit pas.

Stéphane lança :

— C'est toi qui vas coucher près de l'entrée, puisque c'est toi qui es désignée pour garder.

Alban venait d'apporter deux grosses pierres à côté du foyer. Il secoua le feu pour dégager des braises et ce remuement lança très haut une brassée d'étincelles. Cette neige pétillante oscilla un moment, pareille à une gerbe aux tiges trop faibles, puis elle se coucha vers le large, emportée par un souffle de vent qui traversait. De hautes flammes dansèrent. Les canots furent un moment tirés de l'ombre, les pierres de la rive s'éclairèrent, il y eut un grésillement puis la nuit se referma. Cet assaut du foyer avait repoussé les dernières traces du crépuscule. L'obscurité avançait, formant cercle autour d'eux, poussant des pointes jusqu'au long de la tente et de la montagne de leur fourbi.

Catherine avait pris soin de préparer en cachette un ragoût de boulettes qu'elle avait transporté dans une gamelle à haut bord dont le couvercle était maintenu par une petite courroie. Dès que son récipient fut sur le feu depuis cinq minutes et qu'elle l'ouvrit pour remuer, la vallée tout entière sembla s'emplir d'une bonne odeur de porc et d'oignons. Tous s'approchèrent pour renifler et Alban demanda :

— Tu l'as fait quand ?

— Hier matin.

— Et tu l'as caché ?

— Oui.

— Pour l'emporter ?

— Oui.

Le regard de l'homme où se reflétait le foyer vola comme une phalène affolée de son fils aîné à sa femme en passant par le grand Raoul qui souriait.

— Alors, quoi, vous saviez vraiment le jour qu'il viendrait ? demanda-t-il.

— Naturellement, fit Catherine.

— Maudit ! Mais j'ai lu sa lettre trois fois, y donnait pas de date.

— Non, mais moi, je savais, affirma Catherine. Comme ça... Je le sentais. Le Steph aussi. On se l'est pas dit, mais je savais qu'y savait...

Stéphane l'interrompit :

— Et moi aussi, je savais que tu savais.

Ils éclatèrent tous d'un grand rire qui déferla sur la rivière, éveillant l'écho des eaux endormies.

— De toute manière, conclut Catherine, s'il était pas venu assez tôt, j'aurais pas laissé perdre mon ragoût. J'en connais qui me l'auraient relavé comme de rien !

Les hommes avaient tiré devant le feu deux

troncs de saules déposés sur la grève par une crue. Ils s'installèrent et les écuelles de fer brûlantes passèrent de main en main. Catherine servait, debout près du foyer, belle comme une plante saine dans l'enveloppement des lueurs mouvantes.

Lorsqu'ils se mirent à manger, il y eut un long silence. Le chuintement d'une branche mouillée s'amplifia. Des fumerolles éphémères sortaient de ce rondin et couraient pour se coucher sur l'écorce et s'enrouler autour du bois dans un mouvement de caresse. De temps à autre, une petite explosion crachait rouge et fumait bleu. Le feu bien nourri allait sa vie, regardant de ses mille prunelles enfiévrées ces gens assis, sur qui, de nouveau, commençait à peser la fatigue. Dès qu'elle eut vidé son écuelle et bu l'eau à la gourde, Louise se blottit contre les jambes de son père qui la prit sur lui. Elle cala sa tête au creux du coude, porta ses deux mains jointes sous son menton et s'endormit aussitôt.

Ayant posé son assiette, Raoul tira sa pipe qu'il bourra lentement, à gestes appliqués, et alluma avec un brandon. Il demanda :

– Où est la tienne, Alban ? J' m'en vais te la préparer.

– Après... Je fumerai après.

Ils étaient bien, dans ce silence, avec ce feu protecteur qui leur brûlait un peu la face.

– Demain, dit à voix basse Raoul, on partira de bonne heure. Avec pareille charge, j' voudrais voir ce qu'on peut faire dans la journée. Le soir, je devrais pouvoir vous dire à un jour près quand on sera rendus.

Un long moment passa, puis Raoul sortit de sa poche un petit harmonica luisant comme un poisson. Il le frappa plusieurs fois dans sa paume pour en faire sortir la poussière et les miettes de tabac. Enfouissant dans sa poche sa pipe éteinte encore tiède, il porta l'instrument à ses lèvres et se mit à jouer. Doucement d'abord, puis à peine plus fort, il offrit à la nuit un air très doux qu'elle enveloppa de velours noir et feu comme si, l'ayant longtemps désirée, elle entendait conserver cette musique pour l'emporter avec elle dans son voyage vers l'autre bord du monde.

7

L'aube de ce deuxième jour les trouva réveillés mais encore écrasés de fatigue. Les deux petits demeuraient blottis dans l'obscurité tiède de la tente où ils avaient tous dormi, serrés l'un contre l'autre, les hommes de chaque bord et la nichée au centre, Stéphane collé contre son oncle.

Les hommes et l'aîné des garçons étaient sortis les premiers : le feu clairait toujours et Raoul demanda :

— Alors, coureur de taïga, tu t'es levé combien de fois pour remettre du bois ?

— Dix fois au moins.

L'oncle le secoua en le prenant par la nuque et lança :

— Encore un mensonge pareil et je te flanque à l'eau !

— Tu t'es levé, toi ?

Raoul montra le foyer où il jeta une brassée de brindilles pour le ragaillardir. Dans un tourbillon de fumée grise, de longues langues ensanglantées aiguillonnées par le vent se démenaient.

– Qu'est-ce que tu crois ? qu'il t'a attendu ?

– Comment tu fais, pour te réveiller ?

– L'instinct, mon gars. Un coureur de bois qui l'aurait pas ferait pas de vieux os. Je dors aussi bien que toi, mais dans mon sommeil, y a quelque chose qui vient me secouer chaque fois que le feu commence à faiblir. Ça me réveille. Je sors, je remets du bois, je vérifie le fourniment pour m'assurer qu'il n'y a pas une bestiole occupée à me ravager mes provisions, je jette un œil aux canots et je me recouche.

– Quand t'es tout seul, t'as de la place sous ta toile.

L'oncle se mit à rire.

– Quand j'suis tout seul, faut vraiment qu'il pleuve fort pour que je monte la tente. Le bivouac, c'est plus sain. Cette nuit, je suis resté avec vous pour te tenir chaud, bougre de sauterelle, autrement, j'couchais dehors.

– Moi aussi, je le ferai, dit Stéphane. Ce soir, si tu veux.

L'oncle regarda le ciel vers le levant où de longues rougeurs rampaient, s'effilochant lentement à mesure que la nuit dans son retrait tirait des terres lointaines une espérance de jour. Il flaira le vent puis il dit :

– Ce soir, mon gars, je parierais gros qu'on sera bien contents de se trouver à couvert.

Tandis que Catherine levait les enfants et cuisait une grosse bouillie de semoule, de pommes et de pruneaux, les trois autres commençaient le chargement.

Sur les claies de branchages protégeant le fond des canots, ils posèrent tout d'abord les pièces les plus lourdes. Le fourneau, les pattes en l'air tel un gros animal balourd renversé dans un combat et incapable de se remettre sur pied. Ils installèrent aussi les lits dont chacun constituait un énorme ballot avec son squelette de ferraille et son ventre de toile ceinturé de chanvre. Les deux hommes empoignaient les colis chacun d'un côté, entraient pieds et jambes nus dans l'eau glacée et s'avançaient tandis que Stéphane, dans l'eau avant eux, dirigeait le canot pour le placer au bon endroit sous la charge, suivant les indications de Raoul.

– À gauche, à droite, avance encore. C'est bon !

Il maintenait l'embarcation qui, à chaque charge, s'enfonçait de quelques pouces. Le fond de galets et de graviers était douloureux aux pieds. Les hommes geignaient parfois, glissaient sur le limon, se reprenaient en jurant. Comme Alban redoutait une fois de plus ce voyage qui lui semblait vraiment un suicide, Raoul lança :

– Quand on aura chargé dix fois, t'inquiète pas, on le fera comme un rien.

À présent que les plus grosses pièces étaient en place, Stéphane s'était mis lui aussi à porter. Lorsqu'il sortait de l'eau, il sautait en frétillant des jambes pour se réchauffer.

– C'est rien, lui promit l'oncle, sur le versant nord, les eaux sont bien plus froides. Quand on y arrivera, ou bien tu seras mort, ou bien t'auras pris l'habitude.

Ils cherchaient pour chaque colis la place où il serait parfaitement calé. Parfois, ils devaient en reprendre un, l'approcher du

55

centre ou d'un bord pour que le canot garde un parfait équilibre.

— C'est long, expliqua Raoul, parce que c'est la première fois. Suffira de se souvenir des emplacements. Faut s'enfoncer ça dans le crâne.

Il ordonnait sans élever la voix, fermement, avec des regards qui ne riaient plus.

Lorsqu'ils eurent solidement arrimé et bâché la première embarcation, il ne restait plus guère sur la plage qu'un gros quart de ce qu'ils emportaient. Raoul dit à Alban :

— T'auras moins de marchandises mais plus de voyageurs.

— Tout de même, pour le poids...

— Laisse faire le poids, dit le coureur de bois en désignant Stéphane. Moi, j'aurai l'hercule pour me traîner. Je sens que je vais fumer ma pipe comme un roi fainéant tout le long du trajet.

Ils revinrent près du feu. Mal réveillés et engoncés dans des vêtements d'hiver, les petits étaient assis, immobiles et silencieux, sur un tronc de saule. L'oncle alla les secouer.

— Faut vous bouger, vous dégourdir les jambes. Vous avez toute la journée pour roupiller. Allez, tout le monde mange debout, en remuant. Avant d'embarquer, faut faire circuler le sang.

Catherine leur servit la bouillie fumante, puis un gros morceau de lard froid sur une large tranche de pain. Suivant l'exemple de Raoul, ils mangèrent en piétinant et en marchant autour du foyer. Mieux réveillés, les enfants riaient de ce jeu inconnu.

– Tu nous donnes deux pommes chacun et deux biscuits, dit Raoul à Catherine. Ça fera pour midi. Avec les gourdes pleines. Aujourd'hui, on sera dans une partie où les eaux sont pas bonnes à boire. Toujours troubles à cause des fonds de glaise.

Le temps que Catherine range son matériel de cuisine, le deuxième canot fut chargé. Alban y emporta les enfants tandis que Raoul prenait sa sœur dans ses bras et se dirigeait vers l'avant. Elle le tenait serré par le cou. Pour lui seul, elle murmura :

– Tu te rappelles, quand t'étais gosse, tu disais toujours que tu voulais me marier. Que tu voudrais jamais d'autre femme que moi.

Bourru, le coureur de bois fit mine de la lâcher.

– J'te fous le cul dans l'eau.

Ils riaient.

La jeune femme s'installa face à sa fille assise le dos à la proue relevée et qui disait :

– Je suis comme dans une petite maison.

Son oncle lui donna un pan de bâche. .

– Si on ramasse une averse, tu te couvriras.

Raoul montra à sa sœur une petite voile carrée et lui expliqua comment la hisser à un mât de deux mètres planté dans les traverses devant elle. Alban s'était agenouillé à l'arrière avec Georges devant lui. Entre eux et les femmes, c'était l'amoncellement des colis. Lorsque tout fut prêt, l'oncle détacha le canot, fit virer lentement la proue vers l'amont, poussant de toutes ses forces, tandis que Stéphane criait :

– Ramez ferme, maudits ! On va vous doubler comme de rien !

Debout à côté de l'autre embarcation, Raoul et Stéphane regardèrent s'éloigner sur l'eau ce long animal au dos bossué. Il roula bord sur bord un moment, tandis que Catherine et Alban plongeaient leurs pagaies dans le courant et entamaient leur effort. Georges à qui l'on avait fabriqué une petite rame aidait de son mieux. Le matin rosissait la rivière où s'ouvrait le sillage. Deux longues vagues s'en allaient mourir l'une contre la rive, l'autre très loin vers le large où vivent les grands remous. Un voile déchiré dessinait des arabesques, s'accrochant aux taillis et aux ronces. Déjà la cime des peupliers baumiers s'enflammait. Recroquevillés dans leur ombre transparente, les vernes argentés et quelques saules discolores souvent écrasés par la viorne frissonnaient.

– À nous deux !

D'un grand élan, Raoul enleva son neveu qu'il posa à l'avant du canot.

– Toi, fit-il, j'ai pas à t'expliquer. J'espère que t'as rien oublié. Surtout, te crève pas au départ. Faut laisser le temps aux muscles de s'échauffer.

– On va les avoir, hein ! fit Stéphane en riant.

– On les aura aisément. Mais pas de rigolade. T'amuse pas à lancer de la flotte.

– On a double de charge, hein ?

– Pas loin.

Le coureur de bois libéra l'embarcation qu'il fit avancer lentement devant lui. À l'instant où la poupe passait à sa hauteur, d'un beau mouvement lié, il bondit et s'agenouilla à sa place, en douceur. C'est à peine si le canot amorça un imperceptible balancement. Allant chercher l'eau très loin en avant, les épaules effacées, le buste souple sur les hanches, l'homme se mit à pagayer. À chaque poussée, la barque fendait l'eau. À une main du bordage, la surface filait, chantant sous les gouttes que lançaient les pagaies.

– Allonge bien ! Tu sens mon rythme, faut le suivre. Te retourne pas ! Tu dois sentir... Te presse pas. Allez ! Oh !... Oh !... Oh !... Et lance-moi cette rivière au diable derrière toi !

Stéphane allongeait de son mieux, s'appliquant à accorder ses gestes au mouvement que l'oncle imprimait au bateau. Un peu raide au début, son travail s'assouplit très vite.

– C'est bon !

Devant eux, à moins de vingt brasses, l'autre canot montait, noir et épais sur son reflet déchiqueté. Sa proue allait de droite à gauche, pareille au mufle d'un animal flairant la surface en quête de la bonne piste.

Raoul obliqua vers le large de manière à dépasser les autres sur leur droite, sans les gêner. Le courant plus vif freina le bateau et l'oncle lança :

– On en donne, juste pour les passer ! Oh ! Oh ! Oh !

Arrivé à hauteur de son frère, Stéphane cria, le souffle un peu court :

– Donnez-en, les limaces ! On vous sème !

Georges se prit à pagayer plus vite et Raoul ordonna :

– Pas de chahut ! On passe parce qu'on doit être devant... C'est pas une course... Si on se crève, on fera pas la journée.

Lorsqu'ils furent au niveau des femmes, la petite Louise installée comme une princesse leur tira la langue avec une affreuse grimace.

– Tu perds rien pour attendre, ragea Stéphane.

– Surtout, cria l'oncle, suivez-nous bien. Si je traverse, traversez aussi.

Dès qu'ils les eurent dépassés, il ramena le canot à deux longueurs de rame du rivage et reprit un rythme plus lent.

Leur approche éveillait les berges. Des rats musqués s'enfuyaient entre les racines, d'autres plongeaient. Loin devant et vers le large, des poissons mouchaient. De temps en temps, brochets et ouananiches menaient des chasses zigzagantes, striant d'un éclair la peau huileuse de la rivière. Le fretin poursuivi s'enlevait en une succession de bonds rapides.

Il y eut un long moment de calme, puis un large vol d'outardes se leva soudain en brassant l'eau. Comme s'il eût attendu ce signal, le soleil déborda les peupliers. Le vent puisa sa force dans cet élan de lumière. Se hérissant de vagues nerveuses, l'eau devint un vaste brasillement éblouissant.

8

Ce sont les terres qui façonnent les hommes. Les terres et tout ce qu'elles portent qui coule, chante au vent, palpite et respire.

Celles du Nord ont taillé les coureurs de bois dans la carcasse des émigrés à grands coups d'air glacial et de soleil brûlant.

Les coureurs de bois sont de l'immensité comme d'autres d'une ville, d'un village ou d'un port. Leur patrie, ce n'est ni le Québec ni le Canada, mais la forêt, les fleuves, les rivières, la piste incommensurable et les neiges infinies. Ces hommes-là ne possèdent que leur tente, une hache, un fusil, ce que contient leur sac à dos et, quelquefois, un canoë d'écorce. Nul paysan n'est propriétaire d'un lot comparable à celui qu'ils se partagent et dont aucun n'a jamais atteint les limites. L'Atlantique d'un bord, le Pacifique de l'autre, au sud la frontière des États-Unis et, vers le nord, ces régions mal définies où le sol peu à peu se glisse sous les glaces.

Ce sont des marcheurs de toutes les saisons,

des étés torrides comme de la poudrerie, cette folie blanche où l'on s'égare.

Souvent, ces dévoreurs de grands espaces comptent davantage d'amis chez les Indiens que parmi les gens de leur propre race. Ils ont leurs règles, leurs lois écrites nulle part et qu'aucune police ne vient faire respecter.

Bon nombre d'entre eux ont commencé tout jeunes au port de Lachine, à porter des balles de pelleterie dans les vastes magasins bourrés de marchandises destinées aux échanges. Tous ont rêvé en regardant le soleil se coucher sur l'irrésistible horizon de voyage que constitue le mariage du Saint-Laurent et de la rivière des Outaouais. Commis d'entrepôts, ils ont suivi les préparatifs des expéditions. Ils ont écouté les anciens raconter avec force détails la course, le troc, les Indiennes, la chasse et la trappe, une vie rude comme l'enfer et lumineuse comme le paradis terrestre. Il y a dans les villes des enfants qui portent la forêt en eux avant même de l'avoir parcourue. C'est quelque chose qui ne s'explique pas. Dix gamins dans une même famille, dix du même sang, élevés pareillement et, soudain, l'un d'eux est piqué par la mouche qui inocule le mal des immensités.

Il s'en va rôder dans les quartiers où se fait le trafic, où l'on recrute pour les brigades. Là, comme les autres, il va entendre évoquer les trente portages qui séparent Montréal de Nipissing. Il va baver d'admiration et d'envie devant ces vieux qui tous ont accompli des prouesses, passé où personne n'avait osé mettre les pieds, porté des charges devant lesquelles un bœuf renâclerait.

Pour les garnements béats, les vieillards perclus brossent un portrait du Pays d'en Haut capable de saouler les plus posés avec ces mots sonores et lumineux qui chantent sur une musique de mystère.

La présence envoûtante des fleuves, leur clarté, leurs colères, les glaces comme la douceur des réveils embrumés ajoutent encore au désir de fuite qui empoigne les adolescents fascinés par l'inconnu. La débâcle de printemps à peine terminée, lorsque les premiers canots s'éloignent vers l'amont, louvoyant entre les banquises aux cassures de jade, aveuglés par le miroitement des eaux martelées de soleil, tous rêvent du jour où ils pourront enfin embarquer.

Sur le port, c'est la vie grouillante et colorée parmi les Indiens et les trappeurs. C'est l'école où l'on apprend les langues et le commerce. C'est la vivante université de la piste. C'est là aussi que les corps se forment, que les muscles s'habituent aux charges, que les mains font amitié avec le bois des pagaies.

Vers leur quinzième année, les garçons signent enfin leur premier engagement. Ils entrent généralement au sein d'une brigade de douze rameurs et embarquent sur les grands rabaskas longs de six brasses où l'on charge quatre tonneaux de colis. Ils montent ainsi jusqu'au lac Supérieur où ils transbordent la cargaison sur des canots du Nord, plus courts et plus maniables, qu'équipent quatre rameurs.

Foutu métier ! Seuls les costauds, les tenaces, les acharnés, ceux qui ne craignent ni le froid, ni le vent, ni la peine peuvent tenir.

Belles payes rapidement dépensées dès le retour, aux tables de jeu, avec les putains de Montréal et dans les tavernes du port.

Une vie où tout est amusement. Car cette besogne, si pénible qu'elle soit, demeure un jeu. La course en forêt est une longue amitié avec le ciel et l'eau, avec l'arbre et le vent dont il faut pénétrer les secrets, apprendre le langage. Chaque année, des hommes meurent dans la montagne où l'alcool gèle dans les gourdes de fer. Mais chaque heure qui passe est exaltante, le moindre geste est là pour vous tanner le cuir et vous consolider la carcasse. Ceux qui parviennent à résister sont des hommes d'orgueil et de domination. Des seigneurs. Gens sans fortune mais riches de mille histoires, riches d'un savoir plus précieux que les biens comptables. On les aime pour leur loyauté, on les respecte pour leur force et leur science de la lutte.

À chaque retour des expéditions, les rameurs rencontrent les filles. Ils les prennent. Ils les couvrent de cadeaux puis ils les laissent pour repartir. Pas une qui vaille la première qui les a séduits : l'immensité. La route qui s'y enfonce réunit tous les atouts pour ficeler un homme. Elle va de l'avant à travers bois et prairies sans jamais s'encombrer d'autres conventions que celles du voyage, sans se soucier d'autres lois que les siennes. Splendide cavale fougueuse, souvent rétive, à qui l'on doit livrer combat de l'aube à la nuit close, elle sait également se coucher, lascive, devant ceux qui l'aiment, avec toute la tendresse et toutes les grâces.

Tour à tour fleuve, cascade, rapide, lac, toundra, forêt profonde ou marécage, elle est la même depuis des millénaires. Des générations de trappeurs l'ont adulée, jamais jaloux les uns des autres, tremblant seulement qu'on s'attaque à elle. Faite de douceur au printemps, lorsqu'elle veut inviter les hommes à la prendre, elle les assomme de chaleur et d'orages en été; leur coupe le souffle en allumant des automnes où flambe sa chevelure de lumière; elle va aux cinq cents diables cueillir des vents pareils à ces violoneux de village qui font tournoyer la noce durant des nuits jusqu'à l'ivresse; elle les emprisonne dans ses neiges. Tous la maudissent alors à chaque pas.

Au bout du compte, c'est toujours elle qui les fait chanter au retour dans les rapides, heureux qu'ils sont de dominer les muscles du fleuve.

C'est cette putain d'immensité qui les ramène à Lachine, les pousse à remercier au passage d'un signe de croix et d'une action de grâces la bonne sainte Anne du Nord, patronne des voyageurs du Pays d'en Haut.

C'est encore elle qui les reprend pour un autre voyage.

Aussi, lorsqu'on vint à parler de tracer un chemin de fer de l'extrême ouest à l'extrême est, les coureurs de bois se mirent à maudire les rails dévoreurs de forêts. Ils en voulurent longtemps aux ouvreurs de tranchées, aux bûcherons, aux tailleurs de traverses, aux poseurs de rails, aux bâtisseurs de gares. Les plus âgés riaient des ingénieurs en prédisant leur destruction par ces espaces qu'ils voulaient conquérir. Comment des machines à feu, des locomotives, d'énormes wagons parviendraient-ils à vaincre des montagnes qu'eux-mêmes ne franchissaient que difficilement ?

Mais ceux du chemin de fer disposaient de moyens qu'ignoraient les hommes de la forêt. Ils la partagèrent d'une interminable saignée. Dans les débuts, certains trappeurs allaient épier les équipes au travail. Quelques-uns serraient leur fusil en parlant de meurtre, mais pas une cartouche ne fut tirée. Les plus farouches s'enfoncèrent vers les contrées encore vierges, grommelant que ces abrutis de la vapeur, tôt ou tard, incendieraient le monde.

D'autres – et surtout les plus jeunes – regardèrent de plus près, fascinés par ces deux rubans de fer.

Car cette voie aussi était la route. Comme celle qu'ils suivaient, elle s'enfonçait à travers bois. Même si au fond de leur cœur continuait de fermenter un levain de méfiance capable d'engendrer la haine, ils voulaient voir. Pour l'heure, la curiosité prenait le pas sur la peur. Les jeunes entre eux parlaient déjà d'aller d'une mer à l'autre, ils s'entretenaient des richesses fabuleuses que, peut-être, le chemin de fer permettrait d'exploiter et dont ils récolteraient leur part. Car on parlait beaucoup de l'or, on parlait d'un sous-sol infiniment riche et que seule l'ouverture du chemin de fer permettrait d'exploiter.

9

Leur première journée de navigation fut facile. Ils avaient moins de deux milles à remonter sur un courant moyen pour atteindre le lac. Ils y furent rapidement. C'était un endroit de la terre et un moment de la journée où tout portait à la joie. Le grand soleil avait eu vite fait de lécher les brumes. Le vent d'est ne permettait pas de mettre à la voile, mais il n'avait pas assez de hargne pour piétiner la bonne humeur des gens. Au contraire, de le sentir qui voulait chahuter lorsqu'il vous enveloppait au débouché des caps avait quelque chose d'excitant. Il lui arrivait de pousser un coup de gueule et de lever quelques vagues, juste de quoi montrer qu'on était en bateau et qu'un lac n'est pas forcément un animal domestiqué. Parfois, ce vent du levant se ramassait, grognassait un moment à la manière d'un chien qui cherche sa queue. Il tournait en rond sur l'eau toute grésillante, puis, lassé d'un coup, il filait vers la berge qu'il mordait pour lui arracher des brassées de feuilles rousses et dorées. Il les portait très haut sur son souffle tourbillonnant pour les abandonner et s'en aller mener sa folie en d'autres lieux. Les feuilles retombaient comme si le ciel se fût lentement déplumé.

Les rameurs allaient leur train et, pour marquer la cadence, Raoul s'était mis à chanter :

Au bas de la rivière
La ville nous attend
Avec ses lavandières
Qui chantent dans le vent
Hardi l'ami
Sur les portages
Marche l'ami
Sous les nuages
La neige vient
Quand l'hiver vente
Par les chemins
Roule ta tente.
Au bar de la marine
Ta belle qui t'attend...

De l'autre canot, Catherine l'interpella :
– Oh ! T'es pas avec tes coureurs de bois. Je la connais, ta chanson. Arrête avant d'en être où les enfants peuvent pas entendre.
– Alors, trouves-en une qui te convienne !
S'arrêtant un moment de ramer, il laissa l'autre canot se porter à leur hauteur. Déjà Catherine et les enfants chantaient :

Voici le joli mois de mai
L'eau chante dans la rivière
Voici le mois qui me plaît
Va danser à la clairière...

Et les voix fortes des hommes se mêlèrent bientôt au flûtiau des autres. La joie courait sur la lumière à la rencontre du vent.

– Y faut qu'on couche à Longue Pointe ! cria Raoul entre deux chansons.

– Pourquoi tu tiens tant à ta Longue Pointe ? demanda Catherine. T'as peut-être une bonne amie qui t'a donné rendez-vous là-bas ?

– Regarde-la donc, la bonne amie, la vois-tu qui montre son nez de l'autre côté du lac ! Tu vas la sentir quand elle va nous tomber dessus. Longue Pointe, c'est un bon endroit de camp. Je connais bien. Un sol ferme avec juste assez de pente pour que l'eau s'écoule et qu'on soit pas emmerdés.

Vers l'est, une première nuée pointait son crâne tout bossué. Avec tant de lumière qui lui ruisselait dessus, elle avait plutôt l'air bon enfant.

– Ça me semble pas trop méchant, observa Catherine, on dirait un gâteau à la crème !

– Oui, ma Cath. On en reparlera. Mais tu peux me croire, si on arrive avant que ça crève, ce sera pas plus mal pour tes petits.

Le grand coureur de bois se mit à souquer plus ferme.

– Restez derrière nous, ordonna-t-il. On coupe le vent et on vous tire dans notre sillage.

Il se retournait souvent pour voir si le canot suivait bien, réglant sa propre vitesse de manière à ne jamais le distancer.

Vers midi, parce que la fatigue pesait déjà lourd et que Catherine ne pouvait pas satisfaire certains besoins comme les hommes, ils s'arrêtèrent à l'abri d'une langue de terre surmontée d'aulnes. C'était un endroit où l'eau profonde allait presque jusqu'aux roches. Dans une crique minuscule la houle léchait une plage de sable où l'on pouvait aborder sans risque de crever les canots. Ils descendirent. Les jambes étaient douloureuses et les muscles des épaules tiraient pour ceux qui n'étaient pas habitués.

Stéphane crânait :

– Si vous aviez fait comme moi, si vous aviez déjà pagayé avec l'oncle, on irait deux fois plus vite.

Tandis qu'ils mangeaient leurs pommes à l'abri des buissons encore à demi feuillés, le vent prenait de la gueule et le troupeau des nuées avançait. On sentait monter son ombre sur les eaux qui se creusaient. Des vagues plus lourdes clapotaient sur les roches, malmenant les feuilles qui flottaient par nappes.

– Allez ! ordonna Raoul, faut pas traîner. On est chargés, si l'eau grossit, on embarquera.

– Si on restait camper là ! fit la petite.

Tous se récrièrent :

– Y a que toi qui rames pas !

– T'as pas honte !

Son oncle l'enleva d'un grand geste et la porta haut en criant :

– Si tu rouspètes, j' te donne au vent.

– Y voudrait pas d'un cadeau pareil, fit Stéphane qui avait déjà regagné sa place.

Le voyage reprit. À présent, c'était un combat. Les rafales couraient, porteuses d'écume et de colère. Elles giflaient les visages. Stéphane riait. Il était comme si ce vent l'eût aimé. Comme s'il n'eût aimé que lui. Tête baissée, les épaules bien effacées, le garçon pénétrait ce corps nerveux comme un nageur attaque une eau vive. Sans cesser de ramer, il tourna la tête pour crier à son oncle :

— Tu t'en fous, toi, tu te mets à l'abri derrière la charge !

— Souque toujours, mon gars, et saoule-toi de vent ! Mais prépare l'éponge. Si la pluie crève, faudra vider. On est à ras bord.

La pluie ne vint pas tout de suite, mais la bourrasque se fit si puissante que, bientôt, il fallut éponger tout de même. Les vagues trop hautes claquaient contre le bordage et l'eau giclait. Les plus rageuses montaient davantage encore et versaient entre le fond et les colis.

— Vide ! vide ! criait Raoul.

Stéphane qui s'était arrêté de ramer ne cessait plus de prendre l'eau avec son écope de bois ou l'énorme éponge qu'il pressait à l'extérieur.

— On n'atteindra pas Longue Pointe, cria Raoul en direction de l'autre canot où le petit Georges s'était mis à écoper lui aussi.

— Qu'est-ce qu'on fait ?

L'angoisse se devinait à la voix de Catherine.

— Faut chercher une crique où aborder. Qu'on n'ait pas à décharger pour rien !

Raoul fit obliquer son canot vers la rive et s'en approcha au plus près. Les autres suivirent, quelque peu distancés.

Ils avaient beau être moins chargés et deux à ramer, Raoul les dominait de sa force et de son savoir. Sur lui, la fatigue semblait n'avoir aucune prise. Son visage n'était tendu que par l'effort qu'il accomplissait pour fouiller le rivage des yeux. Il connaissait ce lac comme le fond de son sac, mais, habituellement, les haltes s'effectuaient toujours aux mêmes places.

Le jour s'assombrissait. Le ventre des nuages pesait bas et plus des trois quarts du ciel étaient couverts. La lumière n'était déjà plus pour eux.

Après un long moment de lutte, alors que les vagues de plus en plus fortes menaçaient vraiment les canots trop chargés, l'averse creva d'un coup. Ils la virent devant eux, qui martelait l'acier du lac. Elle avança si vite que Catherine n'eut pas le temps de couvrir sa petite. Une bourrasque plus hardie que les autres lui arracha des mains le bout de toile qui se mit à flotter en claquant contre la proue.

– Laisse ça, lança Raoul. Souque, bon Dieu !

Il venait de découvrir une baie étroite mais assez profonde pour que les deux canots y puissent trouver refuge. Tout autour de l'eau couverte de feuilles, un fouillis de ronces et de saules nains crêtait une terre noire.

– Ça va patauger, cria Raoul. Vous affolez pas !

D'un maître coup de pagaie, il plaça le canot parallèle à la rive et, sautant à l'eau, il ordonna :

– Maintiens-le, Stéphane. Et toi, Alban, viens te plaquer contre... doucement !

De l'eau jusqu'au ventre, il peinait sur le

fond de vase et de racines. À l'aide des deux mâts, il maintint son canot loin de la rive, l'amarrant avec des cordelettes aux troncs de quelques bouleaux nains agrippés à la terre. La pluie redoublait de violence. La petite Louise pleurait, blottie contre sa mère qui l'enveloppait de son pan de bâche. Alban, qui venait à son tour de sauter à l'eau, dut nager quelques brasses jusqu'à reprendre pied. Toussant et crachant, il jura :

— Criss maudit ! Ça descend vite, par ici !

— J'te l'aurai dit, fit Raoul.

Stéphane ne pouvait s'empêcher de rire. L'eau lui ruisselait dans le dos et sur le visage où ses cheveux se collaient malgré le chapeau. Son oncle le cueillit d'un bras et le fit basculer sur ses épaules.

— Accroche-toi, mille dieux !

— Tu vas plonger aussi, lança le père.

— Faut prendre les haches et les serpes. On va en avoir besoin.

Il porta Stéphane et les outils sur la grève où Alban s'ébrouait à la manière d'un orignal.

— Attrape le colis, hurla-t-il dans le vent.

De retour au canot, il empoigna Georges grelottant et silencieux et le lança au père. Épouvantée, la petite hurlait. Lorsque son oncle s'approcha, de l'eau plus haut que la ceinture, ses cris devinrent terribles, distordus.

— Prends d'abord la gosse, fit Catherine, elle aura moins peur.

— Pas le temps de finasser, j'enlève le tout.

Il s'efforçait encore de plaisanter, mais son regard laissait filtrer une certaine inquiétude. Il emporta la mère et la fille agrippées l'une à l'autre vers Alban que ses garçons aidaient à improviser un abri sommaire avec un carré de toile entre des aulnes à un demi-mètre du sol.

— Foutez-vous là-dessous le temps qu'on monte la tente, ordonna-t-il. Toi aussi, Georges.

— J' peux vous aider, p'pa.

Alban portait un lourd chapeau noir qui déteignait sur son visage en longues rigoles.

— Laisse-le venir, dit Raoul. Y se remuera, ça le réchauffera.

Catherine noua un torchon sur la tête du gamin, puis elle se coula sous la bâche avec Louise qui la tirait par sa robe.

Les hommes grimpèrent dans le taillis, s'accrochant aux branches qui fouaillaient le ciel bas. Souvent contraints de tailler un passage à la serpe, ils glissaient dans la boue grasse. Alban grognait :

— Tout va être trempé... Le fourbi est foutu.

Raoul se démenait, feignant de ne rien entendre.

Sur le replat, ils trouvèrent un emplacement à peu près dénudé qu'un bouquet de sapins baumiers et d'épinettes à tronc cendré protégeait du vent.

— Suffit d'enlever les pierres, fit Raoul. Toi, Georges, tu rassembles du bois dans ce coin. Je ferai le feu. Je redescends aux canots pour écoper. Sinon, finiront par couler.

— Je peux le faire, proposa Stéphane.

— C'est ça, je descends avec toi et je remonte la toile.

Raoul semblait insensible à l'averse qui

redoublait. L'eau cascadait de son chapeau sur ses épaules et son dos. Stéphane le regardait, calquant son attitude et ses gestes sur les siens. Lui aussi avait enfoncé son chapeau que le vent menaçait de lui prendre. Ils laissèrent leurs outils et partirent dans la glaise en une longue glissade, s'arrêtant au ras de l'eau clapotante.

– De toute manière, faut y aller.

– Ça vous fait rigoler ! cria Catherine. Quand on sera tous morts, vous rigolerez moins !

– Je te connais, t'es plus dure que ça, lança Raoul.

La petite avait cessé de pleurer. On les devinait à peine, toutes les deux, tapies dans l'ombre de la bâche que le vent malmenait.

Raoul enleva son neveu et lui trempa les pieds dans l'eau.

– Lave-toi. Faut pas dégueulasser les bateaux.

La pluie avait presque rempli le canot le plus chargé dont les bords ne dépassaient plus la surface que de quelques pouces. Raoul déposa Stéphane dans l'autre embarcation.

– Allez, tu vas écoper. Attention de rien crever. Quand t'arrives au fond, prends l'éponge.

Il observa un instant les chargements puis, le visage serré par la rage, il se tourna vers la rive pour appeler :

– Oh ! Cath !

– Quoi ?

– Tes foutus lits, je te l'avais dit qu'ils étaient de trop. C'est des vraies serpillières.

Tout gorgés de flotte. Si on s'en débarrasse pas, c'est tout le fourniment qui risque d'y passer.

— Fais comme tu veux, maudit chien ! Tu nous feras crever, je te dis, dans ton aventure de fous !

— Gueule donc, ça réchauffe !

Même sous leurs injures on sentait percer l'affection.

Se tournant vers les canots, Raoul déplaça quelques paquets pour dégager les énormes ballots que constituaient les lits-cages repliés sur les matelas. Il y en avait trois, un gros et deux plus petits. Les dents serrées sur sa colère, le coureur d'aventures était un bloc de force. Il fit trois voyages jusqu'à la rive, levant à bout de bras les lits qu'il déposa sur des racines saillantes. Les carcasses de fer luisaient. Il y avait du dépit dans le regard de Catherine qui l'observait, mais aussi de l'admiration.

— T'es un fameux cochon, lança-t-elle. Je les avais fait venir de chez Eaton's. Plus de vingt dollars, y m'ont coûté avec le port !

— Je les balance pas à l'eau. On récupérera les liens et les bâches.

Lorsqu'il remonta avec la toile de tente sur l'épaule, il s'arrêta vers sa sœur pour dire :

— Tu crois que ça me fait rigoler, de vous foutre votre mobilier en l'air ? Je le savais, qu'on tiendrait pas si les matelas prenaient l'eau.

— Au point où on en est, je m'en fous, de ces lits. C'est pas la première fois que je coucherai à la dure.

– J'ai même dans l'idée que ce sera pas la dernière.

Ils se mirent à rire tous les deux. Lui sous la cascade de son chapeau, elle au ras des rigoles qui coulaient de la bâche.

10

Lorsque les hommes eurent fini de monter la tente, Raoul se hâta d'allumer du feu tandis qu'Alban descendait chercher les femmes. Le petit Georges, à bout de forces, grelottait à côté de son oncle, toussant et éternuant dans la fumée que dégageait le sapin trempé. Parce que Raoul connaissait mille secrets de la vie dans les bois, même sous ce déluge il finit par donner vie à un beau feu clair et vif dont la chaleur, quand le vent s'accordait le temps de retrouver son souffle, se sentait jusqu'à l'entrée de la tente.

Dès que ce fut fait, il demanda à sa sœur dans quel sac de cuir elle avait mis le rechange pour ses gosses; une fois de plus, infatigable, il descendit aux canots. Lorsqu'il remonta suivi de Stéphane, ils portaient plusieurs sacs qu'ils glissèrent sous la tente.

— Faut me mettre tout ce petit monde à poil, les frictionner à l'alcool et les rhabiller de sec. Toi, mon pauvre Alban, faut que tu viennes m'aider; si on laisse les canots, demain y sont au fond.

– Qu'est-ce que tu veux faire ?

– Décharger.

– Y a pas de portage et on va décharger tout de même ?

– Ça, ou tout perdre.

Alban eut un soupir qui tenait du rugissement. Le grand lui claqua l'épaule en riant.

– C'est rien, fit-il. On en verra d'autres.

– Merde ! T'as de l'espoir, toi !

On eût dit que ce surcroît de peine, cette tornade, ce déluge excitaient le coureur de bois. Il était comme si tout n'avait été qu'un jeu. Et pourtant, à la colère du ciel s'ajoutaient à présent les menaces de la nuit. Déjà le crépuscule s'avançait, montant des profondeurs de l'eau boueuse où ne couraient plus que quelques vagues reflets de plomb.

Les hommes se mirent à la peine. Le déchargement dura tant que, lorsqu'ils purent enfin tirer les canots de l'eau, les retourner et les coucher sur la berge, ils se voyaient à peine l'un l'autre. Le vent était moins brutal mais la pluie toujours aussi dense semblait s'installer.

– J'aime pas l'allure que ça prend, dit Alban, ça peut durer.

– Demain sûrement. C'est égal. J'l'avais prévu dans mon programme. À cette saison, faut compter avec.

Rien ne semblait décourager ce diable-là. Lorsqu'ils remontèrent la pente qui n'était plus à présent qu'un ruisseau de boue, ils virent le feu en face d'eux, énorme trou de lumière dans ce déluge charbonneux.

– Un bon coup de caribou, fit Raoul, on l'aura pas volé.

Aussitôt devant la tente, il réclama la bouteille et but une longue lampée avant de la passer à son beau-frère.

— C'est bien, fit-il, vous avez entretenu le feu.

— C'est Stéphane, dit Catherine, mais cette fois, il a son compte. Y vient de s'endormir comme une masse.

Du fond de la tente, la voix du garçon arriva, pâteuse et lente.

— Non... J' peux encore aller... Y a qu'à me dire ce qu'y faut faire.

Raoul se mit à rire.

— Pique ton somme, mon gars, on te réveillera quand la soupe sera chaude.

Et tandis qu'Alban quittait ses vêtements imbibés de boue pour les laisser dehors et se couler à son tour sous la tente, le coureur de bois s'en fut près du feu faire chauffer de l'eau où il se mit bientôt à verser de la semoule qu'il remuait avec un gros bout de bois. Lorsque le mélange fut onctueux, il éminça de la morue salée qu'il ajouta à sa bouillie.

De l'intérieur de la tente, Catherine et Alban l'observaient en silence. Il se découpait sur la clarté du feu et ses gestes mesurés semblaient étudiés pour ce décor mouvant.

Quand il eut terminé, lentement, il se déshabilla. Il semblait qu'il fût tout aussi insensible à la brûlure du brasier qu'à la morsure de la pluie glaciale.

— Tout de même, fit Alban, faut qu'y soit solide.

— Sûr qu'il l'est, fit Catherine avec fierté.

— Solide et complètement maboul. Jamais on ne verra le bout de cette maudite course.

— Tais-toi donc. Tu déparles.

— En tout cas, si on arrive, ce sera les mains vides. Déjà qu'on n'a pas un sou.

Ils se turent. Il n'y avait plus à présent que le crépitement des gouttes sur la toile et, de temps en temps, le claquement d'une bûche qui se fendait en libérant des gerbes d'étincelles.

— Qu'est-ce que tu veux faire avec des sous dans un endroit où y a personne ? J'aime mieux avoir toutes nos provisions que de traîner des milliers de piastres.

Alban émit un ricanement.

— Ton sucre et tes farines, ça va être dans un bel état !

Raoul qui revenait vers eux l'entendit.

— T'inquiète pas. C'est moi qui ai veillé à l'emballage. Ça peut passer l'hiver dehors que tu le retrouveras intact au dégel.

Il était debout devant l'entrée de la tente, tout nu, pas plus gêné que s'il se fût trouvé en présence de bêtes. Il semblait démesuré sur la clarté du brasier où il venait de jeter une brassée de branchages. La masse de son corps était noire, les contours luisaient comme huilés par l'averse.

— Rentre, fit Catherine. T'as assez barboté pour aujourd'hui.

— C'est bon, l'eau d'un côté et le feu de l'autre.

— T'as pas changé, bougre de diable ! Ce que notre pauvre mère a pu te cavaler aux fesses le long du fleuve ! Toujours le cul dans l'eau, qu'elle disait. Finira noyé ou gelé, cet animal !

Ils se mirent à rire tous les deux et Stéphane s'avança en riant lui aussi.

— Toi, m'man, c'est ce que tu me disais quand on était à Trois-Rivières !

Feignant d'entrer en courroux, sa mère se tourna pour répliquer :

— Espèce de garnement ! Est-ce que tu crois que ça m'amuse de te voir ressembler à ce grand vaurien-là ?

— Rentre donc, dit Alban avec humeur.

— Je vas pas me sécher deux fois. Je rentrerai quand ce sera cuit.

Il retourna près de son feu dont la chaleur de plus en plus intense pénétrait par vagues jusqu'au fond de la tente. C'était comme une bonne tempête brûlante après les heures glaciales de l'après-midi. La nuit trempée était loin autour d'eux, repoussée par cette clarté qui dévorait la pluie. La noirceur et le froid reculèrent encore lorsque le coureur de bois revint sous la tente avec sa casserole d'où montaient des flots de vapeur odorante. Les deux petits en salivaient jusqu'au fond de leur sommeil.

11

Cette pluie dura la nuit, puis la journée, puis la moitié de la nuit suivante. Les deux petits demeurèrent sous la tente avec leur mère qui s'efforçait de faire sécher les vêtements. Alban lui apportait de grosses pierres qu'il faisait chauffer dans le brasier et qui entretenaient sous la toile une agréable tiédeur. Catherine ne put retenir Stéphane qui accompagna Raoul à travers bois. Se glissant entre les fourrés qui s'ébrouaient sur eux comme de gros chiens mécontents, ils gagnèrent l'embouchure d'une petite rivière qui apportait au lac son eau jaunâtre et tourbillonnante. Il se formait à son estuaire un large remous dans lequel Raoul lança un fil qu'il retira chaque fois avec, au bout, une ouananiche frétillante que Stéphane glissait dans une poche de peau. L'oncle tira deux coups de fusil et abattit deux bernaches.

— T'aurais pu en pêcher d'autres, dit la petite Louise lorsqu'elle vit les poissons.

Ce fut Stéphane qui répondit :

— On tue que ce qu'on peut consommer.

On n'est pas pour en laisser sur le terrain.

Ils mangèrent à leur faim et Raoul sala le reste de la viande et du poisson pour l'emporter.

Le soir, il y eut une vaste bataille de vents. Celui qui avait amené la pluie de l'océan retrouva de la vigueur et s'en vint attiser le feu dont la fumée se coucha comme un gros animal enveloppant la tente et écrasant les buissons d'alentour. L'averse crépita plus fort, il fallut nouer la portière et resserrer les attaches des piquets. Ce vent-là fit le fou sur le lac et les rives durant une bonne heure. Puis, alors qu'il s'acharnait, un autre se leva de derrière un bois où des hauts peupliers dominant les aulnes se mirent à chanter. Celui-là venait du couchant. Peut-être à l'origine d'un autre océan, mais, depuis qu'il l'avait quitté, il s'était tant et tant vautré sur des terres et frotté aux montagnes qu'il ne portait plus une goutte d'eau. C'était un vent sec comme une botte de bon foin et qui craquait en se faufilant sous les aulnes.

Un moment, ils se calmèrent tous les deux pour s'observer. Raoul qui les avait à l'œil dit tranquillement :

– C'est le couchant. Il va mater ce putain de vent de pluie. Demain ce sera le grand clair.

Celui de l'est ramassait ses dernières forces. Voulant résister encore, il tenta une attaque par surprise. Un moment allongé derrière la barrière des résineux apaisés, il devait gonfler ses muscles de la force des eaux à l'endroit où la rivière rejoint le lac. Il se haussa d'un coup, prenant appui sur les arbres noirs qui courbèrent l'échine. Les épinettes à tronc cendré toutes secouées cherchaient à s'abriter sous les grands baumiers dont les membres craquaient. Il y eut comme un rugissement de fauve et ce fut l'instant que choisit le vent d'ouest pour répliquer. Sans coup de gueule, sans rien bousculer vraiment, il avança, toute sa belle force claire déployée sur l'immensité du pays. C'était un personnage qui en imposait. Il en avait vu de plus rudes au cours de son voyage. L'autre tenta bien un moment de s'agripper aux arbres, il ne réussit qu'à leur voler quelques poignées de feuilles qu'il abandonna sur l'eau dans sa retraite.

La pluie ne s'arrêta pas pour autant. Tenace, suspendue à un plafond de suie qui semblait immobile, elle poursuivait son travail. Le lac où ne courait plus qu'une longue houle grésillait comme une huile arrosée.

– Ton foutu vent va peut-être nous débarrasser de la pluie, en attendant, y nous mange notre chaleur.

Catherine avait raison, le feu soufflait son haleine vers le bois d'épinettes. De la tente, on voyait son ventre clair se découvrir. Il montrait ses entrailles de braises, mais il ne parvenait plus ici qu'une tiédeur de rien du tout.

Alban et Raoul apportèrent un peu plus près quelques pelletées de braises toutes vives sur lesquelles ils jetèrent des branches de résineux. Aussitôt le crépitement s'amplifia. Une vaste ronde d'étincelles monta, entraînée par la fumée, et se rabattit vers le large. Il semblait que le vent nouveau s'aidât du feu pour chasser l'autre. La pluie eut quelques hésitations, mais on la sentait à bout de course. Déjà son haleine de malade disait qu'elle ne passerait pas la nuit.

Ils se couchèrent le ventre plein d'ouananiche grillée et de galettes de blé d'Inde.

La première fois que Raoul se leva pour recharger le feu, le ciel était coupé en deux. Tout net, comme l'écorce d'un gros fruit. La moitié est demeurait plombée, soudée aux rives du lac et à ses eaux les plus lointaines. L'autre partie scintillait comme si toutes les étincelles envolées du foyer depuis la veille s'y retrouvaient éparpillées. Les hauteurs inaudibles du vent les irritaient sans relâche. Son thorax soyeux caressait les aulnes et les saules nains, ses mille gueules fouineuses soufflaient sur le foyer au passage. En chuchotant, les peupliers et les résineux se répétaient qu'il était là.

Deux heures plus tard, quand l'homme sortit à nouveau, tout était installé solide. Le vent d'ouest établi d'un horizon à l'autre, et, par-dessus, une belle voûte toute martelée de lumière. Raoul marcha entre les buissons qui ronronnaient dans leur beau sommeil encore luisant de gouttes. Lorsqu'il atteignit la pointe, le lac charriait sa moisson d'étoiles. Sans qu'il y eût de lune, on voyait clair d'une belle lueur étale et qui donnait confiance. Raoul murmura :

– À la voile, on irait bien. Je serais tout seul, j'attendrais pas le jour; certain !

Il regagna lentement la tente. Longtemps il écouta cette nuit qui chantait. Pas très loin, des outardes sans doute dérangées dans leur sommeil par un renard s'envolèrent. Il les reconnut à leur voix nasillarde et à leur « ka-reunque » en deux syllabes bien détachées, la première sèche et dure, la seconde coulée comme un couac de basson. Il se répéta encore :

– Sûr que c'est une belle nuit pour aller.

Stéphane grogna, se retourna et s'approcha de lui. Tous ces dormeurs unis sous cette toile entrouverte sur la lueur du feu étaient comme une nichée de vie. Raoul les écouta un moment, puis, sans s'en rendre compte, il se mêla à eux comme l'eau de ruissellement se mêle à celle des rivières.

12

Cette nuit étincelante était pour le voyage. Les outardes immobilisées par les nuées le savaient. Elles avaient senti venir la clarté tout au long de leur attente sous la pluie et le vent. Durant cette halte forcée, elles s'étaient empli le jabot de tout ce qui pousse ou remue sur les hauts fonds. Elles s'étaient même aventurées sur les terres spongieuses pour brouter, se régaler des dernières airelles et des fruits de la camarine noire.

La lumière les ramena au bord marécageux du petit estuaire. Devant elles, l'eau déployait sur toute sa largeur l'immense carte où sont tracées en pointillé d'or les routes des migrations.

Levant vers le ciel son petit œil vif au regard perçant, la plus âgée d'entre elles s'assura que ce reflet n'était pas un mirage. Elle grommela et cacarda en mordillant pour les lisser ses longues rémiges. Toutes les autres l'imitèrent, puis, sur un ordre bref qu'elle lança vers le large, le troupeau s'envola dans un grand bruit d'ailes. Toutes, même les plus jeunes dont c'était le premier voyage, savaient d'instinct que la route s'inscrivait là-haut, bien au-dessus des vents porteurs, dans les constellations innombrables.

Tout de suite formées en triangle, les outardes montèrent pour atteindre ces courants inaccessibles aux humains que sont les fleuves et les torrents du ciel. Elles survolèrent sans même y prêter attention la tache palpitante du feu allumé par les dormeurs et piquèrent droit vers le sud, montant, toujours à milliers de coups d'ailes jusqu'à ce que la terre ne fût plus à leurs yeux qu'un déploiement infini où se fondaient les reliefs. Sur ce tissu lointain, dans quelques heures, beaucoup plus loin, le jour viendrait imprimer d'autres couleurs plus chaudes.

C'était vraiment le temps des grandes migrations. Toutes les routes conduisant vers les contrées de soleil s'animaient. Routes des eaux, routes des terres, routes des cieux.

Depuis le fond des âges, toujours les mêmes itinéraires, toujours les mêmes cycles. Dès l'époque où la mer des Sargasses était encore enclose à l'intérieur du continent Atlantide, alors que les fleuves d'Europe et d'Amérique lui portaient leurs eaux, les anguilles accomplirent leur voyage. Depuis des siècles, elles continuent de la retrouver tous les dix ou quinze ans. Fidélité de cette mémoire, de cet instinct infaillibles qui défient l'éternité. Ainsi des milliers de routes sont-elles tracées d'une encre indélébile à la surface du globe. Celles des oiseaux tout aussi immuables que celles des anguilles, celles des bêtes de course, de reptation, tout aussi bien inscrites dans l'espace et le temps que les chemins des insectes.

En cet automne, la nuit lumineuse dépouillée de ses hardes grises reconquérait son immensité. Elle s'étendait librement d'un bord à l'autre de la terre; partie du fond du ciel, elle plongeait jusqu'au fond des eaux.

La migration que suspend l'apparition des brouillards et des nuages avait repris dès l'instant qu'était redevenue lisible la carte des étoiles. Les grues en V ondulants, les canards plus lourds en vols serrés, les nuées épaisses d'étourneaux, les passereaux, les cygnes royaux, tout s'envolait.

Dans la forêt, parmi des papillons eux aussi attirés vers d'autres horizons, des rongeurs minuscules se mettaient en branle, suivant les mêmes itinéraires que d'énormes cervidés dont le galop ébranlait le sol, annonçant loin devant l'arrivée de la harde par un tremblement d'orage.

Et tous suivaient les étoiles, même les poissons des grands fonds.

Le semis du ciel tirait derrière lui le monde en marche.

De leur parcours soyeux, les oiseaux ne voyaient plus de la terre qu'un moutonnement serré de forêts où s'enchâssait le diamant des lacs, où s'incrustaient les filets d'argent des cours d'eau. Et tout cela se prolongeait jusqu'aux grèves d'où s'élançait l'univers mouvant des mers charrieuses de vagues, de plancton et d'icebergs arrachés aux banquises nordiques. Ces glaces flottantes aussi poursuivaient leur migration, la seule que les nuages n'avaient pas arrêtée. Pour elles chaque vague, chaque brasse d'océan traversée, chaque caresse du flot était un pas vers la mort.

En cette nuit, il n'y avait plus de routes à ornières, plus de chaussées, plus de lacets ni de carrefours, il n'y avait qu'un incessant cheminement. Une procession multiple et sans fin vers des lieux où attendait la vie. Une autre vie. Pour d'autres temps.

Le cycle avait l'âge de la vie. Il la perpétuait en tuant. Une hirondelle sur deux parmi celles qui volaient n'atteindrait pas le terme du voyage, mais sans ce départ, toutes seraient mortes. Les oiseaux suivaient les insectes, les mammifères avançaient en direction des herbages verts, des prairies grasses encore offertes au soleil et aux pluies bienfaisantes tandis que, vers l'extrême nord d'où ils venaient, déjà la neige recouvrait la toundra.

Profitant des heures de forte rosée, les anguilles quittaient les étangs et les lacs, rampaient sur les prés trempés jusqu'aux fleuves qui allaient les porter à la mer.

C'était une nuit de bouleversement du monde.

Dans leurs maisons chaudes qui les isolaient des vérités profondes, sous des toitures plus opaques que les nuées, à l'abri de tentes où pénétrait la clarté rougeoyante d'un feu de bois, les humains dormaient. Privés de l'instinct qui pousse les individus où va l'espèce depuis des millénaires, hommes, femmes et enfants demeuraient insensibles à ces déferlements. Au seuil de l'hiver, ces êtres écrasés de sommeil étaient pareils à des îlots de pierre au milieu du flot en marche vers d'autres étés.

Lorsque la lumière du jour fit pâlir les astres les plus proches du levant, les outardes survolaient déjà la vallée du Saint-Laurent. En dessous d'elles, des constellations étranges se dessinaient parmi des alignements de blocs. Certaines se tenaient au bord du fleuve, d'autres au creux des vallées, d'autres encore traçaient des rectangles et des croix en pointillé au centre des plaines. Parmi elles, quelques météores filaient, comme perdus. Les outardes savaient que ces étoiles de la terre n'indiquaient aucune route sensée. Elles les ignoraient pour se guider à présent sur la lueur qui montait de la mer, là-bas, vers ces lointains infinis où s'annonçait déjà le rayon vert de l'océan transparent.

13

Le petit jour acide les saisit au sortir de la tente. Ils hésitèrent, mais déjà Raoul remontait du lac, sa serviette sur la nuque et son sac de peau à la main. Son torse nu était rouge, ses épaules encore humides fumaient.

– L'ouest donne de la gueule ! cria-t-il. C'est bon pour la voile. Allez, allez, faut profiter, pas de traînasseries !

La journée s'amorçait dans la joie avec une belle clarté blonde sur les lointains mauves. Le rire du coureur de bois les gagna tous, son entrain les tira hors des dernières tiédeurs moites du sommeil. Ayant quitté sa chemise, Stéphane ramassa une serviette et descendit vers le lac en copiant son attitude et sa démarche sur celles de l'oncle. Comme il disparaissait derrière les buissons, sa sœur lança :

– Y va pas se laver, c'est pour faire semblant !

Le garçon ne daigna même pas hausser les épaules.

Le chargement se fit tandis que cuisait la soupe de farine et de poisson fumé, puis, le déjeuner pris, ils embarquèrent sur une eau de lumière qui portait de larges bancs de feuilles mortes ondulant comme des laves rousses. Le vent avait juste ce qu'il fallait de vigueur pour pousser les canots. Enveloppé dans une peau d'ours bien sèche, accroupi à l'avant du premier bateau, Stéphane tenait l'écoute, tirant ou relâchant lorsque son oncle criait :

– Serre un peu !... Donne du mou !

La petite voile carrée tendait vers le large son ventre brun tout rond de ce bon vent régulier. L'eau clapotait claire le long de la coque d'écorce. Le ciel s'offrait d'un seul tenant, limpide et luisant, d'un bleu légèrement délavé mais subtil. Chaque niveau de sa profondeur charriait sa flottille d'oiseaux.

Au cul du canot, son bonnet bien enfoncé sur les oreilles et son col de loutre relevé, Raoul gouvernait à la pagaie. Une légère rotation du poignet de temps en temps suffisait à maintenir le cap. L'embarcation filait droit vers un point de l'autre rive, dans le sens exact de la vague porteuse.

L'autre canot suivait. Catherine manœuvrait la voile tandis que son homme gouvernait. Il donnait sans cesse de la voix. La proue moins décidée semblait chercher sa route en humant la crête des vagues. Délestés des lits abandonnés, un peu plus hauts sur l'eau, les bateaux risquaient moins d'embarquer.

À midi, ils avaient franchi dans toute sa longueur le lac des Quinze. Sans s'arrêter, ils s'engagèrent dans le lac Expanse dont ils n'avaient à traverser que la corne septentrionale.

En direction du soleil, le miroir aveuglant était si vaste qu'on devinait à peine l'autre rive, simple ourlet violacé où papillotait une buée incolore. Pétri sans relâche par le relief tourmenté, le vent se fit plus capricieux. La navigation devint moins aisée. Des rafales prenaient les embarcations par le travers, des vagues nerveuses giflaient les bordages, levant du poudrin qui fouettait les visages. À force d'être ventée, la peau devenait douloureuse, puis on finissait par ne plus la sentir. Stéphane riait, se saoulant à plaisir de ce qui commençait à effrayer Louise.

Ils atteignirent l'embouchure de l'Outaouais supérieur alors que le soleil se trouvait encore à trois bonnes mains de la côte. Des bouleaux se démenaient, inclinés sur l'eau. Leur feston de dentelle piquetait d'or pâle et d'argent un bois plus lourd où les thuyas torturés se mêlaient à des pruches dont les troncs rectilignes marquaient de rose des profondeurs déjà vêtues de nuit.

Ayant amené les voiles, ils reprirent les pagaies pour s'engager dans la rivière. Raoul la connaissait depuis des années. Il conduisit son monde en montant le long de la rive gauche jusqu'à une petite plage en renfoncement où il était aisé d'amarrer les canots sans les décharger. Une levée de terre rouge menait en pente douce à une anse de la forêt que marquaient trois cercles gris laissés par des feux.

– On n'est pas les premiers à s'arrêter là, observa Stéphane.

Raoul se mit à rire :

– Pauvre de toi ! J'y suis venu vingt fois. Et moi non plus, j'étais pas le premier. Les nôtres y viennent depuis les débuts. La baie d'Hudson, c'est pas de ce matin qu'on sait où elle loge. Avant nous, tu peux être sûr que les Algonquins y montaient déjà.

Il s'était immobilisé devant ces cendres que les pluies avaient aplaties et collées au sol. Des morceaux de bois noir à demi brûlés montraient que le feu avait été éteint par des hommes. Le visage de Raoul était empreint de gravité. Le regard lointain, parlant bas, comme pour lui seul, il dit encore :

– Cet emplacement de foyer, peut-être bien qu'il se trouve là depuis le commencement du commencement. Depuis... je sais pas comment dire. Sans doute depuis que les hommes ont domestiqué le feu.

– Et avant ? demanda Louise qui s'était approchée et que l'air absent de son oncle semblait impressionner.

– Avant, fit Georges, y vivaient à quatre pattes. Y mangeaient l'herbe toute crue, comme les vaches. Ça, je l'ai lu dans un livre.

La tente montée et le foyer allumé, tout de suite une belle chaleur ronde et bien pleine s'installa autour d'eux comme une maison, pour les isoler de la nuit. L'humidité se tenait à distance, pareille aux oiseaux perchés à l'intérieur du roncier et qui devaient regarder les lueurs dansantes.

Tandis que la soupe de fèves cuisait, ils restèrent longtemps à parler des époques perdues au fond brumeux du temps, dans ces contrées du passé tellement lointaines qu'on ne parvenait plus à se faire une idée du nombre d'années qui vous en séparaient.

Lorsqu'il eut achevé sa première pipe, Raoul sortit son harmonica et se mit à jouer un vieil air tremblotant. La musique grêle ne devait guère déborder le cercle de lumière. Au refrain, Catherine se prit à fredonner :

> *Dans mon pays du Saint-Laurent*
> *Pleure le vent.*
> *L'hiver souffle sur la rivière*
> *À fendre pierre.*
> *Mais quand donc reviendra le temps*
> *Du gai printemps...*

Passé la première heure opaque d'après le crépuscule, une ample nuit claire avait hissé sa toile rivetée d'or. La rivière était un velours lustré dans les endroits où vivotait encore le souvenir du vent qui s'en était allé avec le jour. Quelques brumailles venaient se marier à la fumée étalée le long de la berge, coulant sous le fouillis des arbrisseaux, fouinant partout comme une hydre diaphane.

La nuit, vers son milieu, fut troublée par l'approche d'un troupeau d'orignaux qui suivaient le rivage en direction du sud, de l'eau jusqu'au poitrail. Leur avance s'annonçait par un large piétinement liquide, comme si le flot en furie eût entrepris le siège de la tente. L'odeur des canots chargés de ces choses qu'on ne trouve pas dans la nature intrigua les meneurs qui poussèrent des meuglements rauques. Le troupeau s'arrêta. Des bêtes montèrent sur la rive. Les buissons crépitèrent, pié-

tinés, hachés, comme dévorés par l'incendie.
Habitué à écouter dans son sommeil, Raoul fut
le premier réveillé. Il se coula dehors, son fusil
à la main. La tête du troupeau n'était plus qu'à
quelques dizaines de pas de la baie d'amarrage.
Le coureur de bois s'avança et fit feu. Aussitôt,
il y eut un énorme tumulte où se conjuguaient
le clapotement de l'eau, les coups sourds des
corps se heurtant et celui plus sec, plus sonore
des bois entrechoqués. Les beuglements de peur
et les ordres des chefs dominaient. Comme des
bêtes semblaient foncer vers le taillis, Raoul se
porta à l'intérieur des terres, enjambant les
ronces, se faufilant entre les buissons. Il tira
encore deux fois. Le tumulte redoubla, mais un
mouvement se dessina vers le large. S'étant
mises à la nage, les bêtes de tête piquèrent vers
l'autre rive, suivies par le reste de la bande.

La rivière s'ouvrit d'un lent triangle. Sous
les transparences de la brume, les corps noirs
broyaient les eaux fleuries de bourgeons coton-
neux. Tout se confondait. Les vagues poussaient les semailles du ciel que les vapeurs
pétries de remous effaçaient à demi puis découvraient soudain comme si un immense brasier
se fût réveillé au vent.

Catherine et son homme étaient sortis. Pieds
nus sur la terre froide, ils observaient en
silence. Quand Raoul revint près du foyer,
Alban demanda :

– T'as rien tué ?

– Ça risquait pas. J'ai tiré en l'air. Tuer
des centaines de livres de viande pour manger
un steak et même pas garder la peau, ça se
fait pas.

– Tu crois qu'ils seraient venus sur nous ? fit Catherine.

– Le feu les aurait détournés. C'est les canots qui risquaient d'en prendre un coup.

Les bêtes disparaissaient dans l'ombre satinée de l'autre rive, laissant sur les eaux un remuement d'étoiles.

Le reste de la nuit fut paisible, comme si ce bruit eût effrayé tout ce qui vivait là.

Dès les premières clartés, un vent ami se glissa sous les transpirations de la nuit. Se haussant d'un effort, il dégagea la rivière qui se mit à murmurer plus clair. Des myriades de vaguelettes, frictionnant les eaux à rebrousse-courant, unifiaient la surface, effaçant les remous.

– Juste à notre mesure, observa Stéphane.

Les autres se mirent à rire et l'oncle dit :

– Y commence à connaître. Au prochain voyage, vous pourrez vous passer de moi.

Sa sœur le menaça de sa spatule dégoulinante de bouillie fumante :

– Grand sacripant ! Si on doit encore changer de place, je te rosse comme notre pauvre mère aurait dû le faire cent fois.

– Voudrais-tu être enterrée en Abitibi ?

– Je sais pas où je veux être enterrée, c'est pas à ça que je pense. Ce que je voudrais, c'est qu'on m'oblige plus à changer de toiture comme de chemise ! Me faut une maison, à moi ! Je suis pas une sauvagesse. Pas comme toi. Foutue graine de quêteux ! Partir. Sacrer ton camp ! T'étais pas au monde que tu pensais déjà qu'à ça ! Notre mère était quasiment obligée de te mettre un fil à la patte pour que t'ailles pas te foutre au fleuve. Lui en as-tu fait voir, à cette pauvre femme !

Stéphane se mit à rire.

– Paraît que t'étais impossible...

Raoul l'interrompit :

– Dis donc toi, l'homme des bois, t'as rien entendu cette nuit ?

– Si, je t'ai entendu ronfler. J'pouvais pas dormir...

Ce fut un vaste rire.

– Les ronflements, ça t'empêche de roupiller, mais les coups de fusil, ça te berce.

Stéphane était furieux d'avoir manqué le passage du troupeau.

– Vous auriez pu m'appeler.

– T'en verras d'autres.

Ils levèrent le camp dans la joie, avec ce vent d'excellente humeur qui leur gonflait le cœur comme il gonflait les voiles des canots.

Avant l'embarquement, Raoul avait éteint le foyer dont la fumée rampait en direction du bois.

Ils attaquèrent la remontée de l'Ottawa. Les eaux prenaient de la vigueur à mesure que ses rives se rapprochaient l'une de l'autre.

Le vent était favorable, mais dès le deuxième jour, l'utilisation des voiles fut impossible, la rivière étant trop étroite. Le travail devint rapidement pénible.

– Souquez donc, mille tonnerres ! criait Raoul. C'est du gâteau. Demain, vous y penserez. Faudra partager.

– Maudit chien ! criait Catherine. Tu veux nous user les bras !

– Après les bras, ce sera les jambes. Ça te

changera. M'en vas faire de vous des hommes, moi !

– Même de ta sœur, glapit Catherine.

– Tu serais assez fière. Ton regret, c'est de pas porter la culotte.

Il y avait encore du rire entre eux malgré la fatigue, mais l'approche du soir assombrit leur humeur.

La nuit tombait lorsqu'ils atteignirent le confluent de l'Ottawa et de la Kinojévis que les Indiens ont nommée ainsi parce qu'elle est une bonne rivière à brochets. À contrecœur, Raoul dut donner le signal de la halte. Il grogna :

– Des mauviettes ! À ce train-là, on finira sur la glace, avec des traînes.

Pas le moindre écho. Nul n'avait envie de plaisanter et la colère pointa le museau entre eux lorsque, approchant la berge dans la pénombre, le canot mené par Alban toucha une roche pointue. Un bruit sinistre de déchirure, et l'eau se mit à entrer, juste à l'endroit où se trouvait Catherine.

– Saute, Steph ! Saute, bon Dieu, et tiens bon !

Le garçon bondit pour empoigner l'embarcation. Raoul descendit lui aussi, porta Louise et Catherine sur la rive.

– Tiens-moi ça.

Catherine se saisit du filin tandis qu'Alban apportait Georges qui prit la corde du premier canot.

– Steph, va m'attacher les bateaux solide. T'as des racines à gauche. Faut qu'on se mette tous à décharger. Et vite !

De l'eau à mi-cuisses, les deux hommes, que Stéphane vint rejoindre, empoignaient ballots et paniers qu'ils passaient à Catherine et aux enfants. En plein courant sur un sol de galets qui roulait sous les semelles, ce n'était pas une besogne facile. La nuit venue d'un bloc les trouva jurant et sacrant contre le froid et la malchance.

La berge incurvée retenait un bon paquet de bois d'alluvions déposé par les crues de printemps et que l'été avait séché.

– C'est une chance, dit Stéphane.

– Non, lança Raoul. C'est prévu. Les endroits de halte sont pas choisis pour rien.

À proximité du canot retourné sur la terre ferme, la langue multiple du foyer se mit bientôt à lécher la nuit, éloignant le froid qui montait avec ses odeurs d'eau et de limon.

Déjà Stéphane et son père déroulaient la tente et plantaient les piquets, tandis que l'oncle, agenouillé à côté du canot comme auprès d'un grand animal blessé au dos tout ruisselant, examinait sa déchirure dont il palpait les lèvres avec des gestes pleins de tendresse.

14

Utilisant la réserve d'écorce, l'étoupe et le bidon de bon brai bien collant placés dans les canots, ils réparèrent l'avarie à la lueur du feu qu'entretenait Catherine. La petite Louise dormait déjà. Georges était resté pour regarder. Tous les travaux manuels l'intéressaient, surtout lorsqu'ils requéraient une certaine minutie. Il tenait de son père qui savait creuser des sabots, ressemeler des chaussures, fabriquer un meuble ou tresser des paniers.

Les hommes avaient décidé de décharger l'autre barque menacée par le courant assez vif qui la plaquait contre la rive rocheuse. Profitant que le brai était sorti, ils révisèrent les coques de bout en bout.

Chaque jointure d'écorce vérifiée et enduite, chaque longeron revu et renforcé, les deux bateaux tout luisants dormirent côte à côte à bonne distance du foyer.

Le lendemain, après avoir rechargé, ils remontèrent la Kinojévis sur une dizaine de milles d'un courant assez vigoureux, mais régulier et qui allait son train sur un fond sans écueils.

Vers le milieu du jour, ils prirent terre dans une courbe, sur la rive gauche. Lorsqu'ils eurent tout débarqué, Raoul les dévisagea. Ayant rejeté son chapeau sur sa nuque et allumé sa pipe, presque solennel, il déclara :

— Là, on a fini de monter.

Les autres l'observèrent, puis regardèrent la rivière qui descendait du nord-ouest. Ils semblaient incrédules.

— Je sais, fit Raoul, on pourrait encore monter, mais nous autres, c'est par là qu'on va.

Étendant son grand bras, du bout du tuyau luisant de sa pipe, il montra la forêt vers le plein nord. Une sente assez bien tracée s'y engageait.

— On va descendre ? demanda Stéphane.

— Pas tout de suite, mon gars. Faut portager jusqu'à un lac pas bien grand. On le traversera, et après, on portagera encore jusqu'à un autre lac qui doit bien faire dans les cinq milles de long. Vaudray, on l'appelle. C'est seulement au bout qu'on va trouver les premières eaux de descente vers le nord.

— Ça veut dire qu'on aura plus qu'à se laisser glisser, dit Catherine. C'est pas trop tôt.

— On verra. Si les eaux sont assez grosses, c'est bon. Sinon, faudra certainement se coltiner encore quelques milles avec le fourbi.

Comme sa sœur se renfrognait, Raoul se mit à rire en lançant :

— Vous voulez le paradis, faut le gagner !

Ils commencèrent par monter la tente pour deux nuits; car il leur faudrait bien le restant de la journée et tout le lendemain pour ce portage par un sentier sinueux et souvent bourbeux.

Terrible tâche. Sans presque s'accorder de repos, ils allaient sous les charges, ahanant et sacrant. Le vent d'ouest tenait toujours. Il leur apportait le froid des montagnes où il avait dû fréquenter les premières neiges. Malgré tout, la sueur ruisselait sur leurs visages. Dans la poussière dégagée par les ballots, elle traçait de longues rigoles aussi tortueuses que la route.

Comme ils devaient passer une nuit éloignés d'une partie du matériel, ils redoutaient que les ours ne viennent fourrer leur gros nez noir dans les provisions. Raoul avait envisagé de bivouaquer près du lac, mais, à la fin de l'après-midi, des Algonquins arrivèrent. Ils étaient quatre qui regagnaient leur village après une chasse. Ils acceptèrent de coucher en cet endroit en échange de deux livres de sucre et d'une bouteille d'alcool. Le marché conclu, alors que Raoul les laissait après les politesses échangées dans leur langue, Alban demanda :

– T'as pas peur ?

– Non.

– Je les craindrais quasiment plus que les ours.

– Si je les avais pas payés pour garder, oui. Mais là, y se feraient tuer sur place pour ton fourniment.

Ils firent encore quelques pas, puis le trappeur ajouta :

– Tu sais, je les connais depuis des années.

Ce foutu pays, c'est l'immensité, et pourtant, on se rencontre toujours. Tout le temps les mêmes hommes sur les mêmes parcours.

Comme Alban demeurait soucieux, Raoul ajouta :

– De toute manière, j'leur ai promis autre chose pour demain matin.

– Quoi donc ?

– J'leur ai dit qu'on avait abandonné des lits. Je leur ai pas encore précisé l'endroit.

– Tu crois qu'ils iront les chercher ? demanda Stéphane.

– Tout ce que tu laisses en forêt, les Indiens le ramassent. Des fois, y portent des choses énormes sur des milles et des milles et c'est seulement quand ils sont certains que ça peut servir à rien qu'ils les abandonnent.

Ils marchèrent un moment et Raoul ajouta :

– Depuis des temps et des temps, je suis sûr que ces gens-là ont toujours ramassé tout ce que les autres foutent en l'air.

Tristement, Alban observa :

– Tout de même, ça fait drôle de penser qu'y a des gens plus pauvres que nous !

Cette alternance de navigation et de portages plus ou moins longs dura six jours. Les deux derniers furent extrêmement pénibles. Un gros orage avait craqué dans la nuit, avec une colère du vent absolument épouvantable. Les hommes durent sortir trois fois sous l'averse pour consolider la tente. Les éclairs crevaient cette folie du ciel et des arbres dans toutes les directions. Pelotonnés contre leur mère, les deux petits pleuraient. Stéphane jouait les hommes mais sa voix trahissait la peur. Ils avaient monté leur toile à l'orée d'une forêt où les peupliers dominaient un taillis serré souvent recouvert de ronces et de viornes rampantes. Plusieurs arbres déracinés tombèrent avec un fracas du diable, soulevant de leurs racines étendues de larges pans de forêt. La terre tremblait comme au passage d'un énorme troupeau galopant. Des charrois de futailles vides et bringuebalantes traversaient le pays, cahotant dans les hauteurs, s'éloignant pour laisser la route à d'autres qu'on entendait venir de loin, roulant sur du bois sec, piétinant des fagots. À chaque instant il semblait que la tente allait être écrasée, renversée ou emportée. Une frayeur sans bornes broyait le pays dans ses serres.

Au matin, un calme étrange pesait. Des draps de brume se levaient, ondoyants. Le feu avait été éteint et dispersé. Lorsque les hommes le rallumèrent, sa fumée monta presque droit jusqu'aux grisailles qui l'absorbèrent. Elle semblait une colonne à peine galbée soutenant un ciel de mousseline distendue.

Deux arbres arrachés barraient la piste qu'on devait prendre avec le matériel. Le premier travail fut de les couper pour libérer le passage.

Ce portage dura une éternité. Il n'était long que d'un peu plus d'un mille, cependant la tornade avait réussi une fameuse besogne. La terre était un bourbier. Souvent, pour ne pas s'enliser, ils durent jeter une litière de branchages. Malgré cela ils enfonçaient, glissaient, tombaient avec les charges. Alban qui avait placé sur sa nuque une bonbonne de mélasse fit une chute le long d'une roche en saillie.

La bonbonne cassée, il se trouva couvert de liquide poisseux et sucré. Il dut se dévêtir complètement, regagner le campement et se plonger à la rivière. La colère et les rires se mêlaient. Les branches des peupliers abattus s'enfonçaient dans la terre, leurs racines crispées sur des mottes d'herbe et de glaise tendaient vers le ciel leurs doigts enchevêtrés. L'eau ruisselait sur les chemins, et les rivières semblaient des labours en marche.

Au déclin du jour, alors qu'ils effectuaient leur dernier voyage, les hommes tombèrent au beau milieu d'une compagnie de perdrix apeurées. Il suffit à Raoul de ramasser un bâton pour en tuer trois qu'ils mangèrent le lendemain.

Cette nuit d'épouvante avait laissé sur les hauteurs, dont on se demandait si elles regardaient encore vers le sud ou déjà vers le nord, une espèce de crainte qui semblait paralyser la vie. En revanche, la pluie avait empli les ruisseaux qui allaient entraîner les canots vers les terres basses d'Abitibi.

Mais ce flot gonflé de la fureur du ciel était lui aussi redoutable. Il portait vite et avec une belle force musculeuse. Sa vigueur même pouvait renverser, briser, tuer, noyer les gens et disperser les choses.

À plusieurs reprises, il fallut s'arrêter pour couper des arbres couchés en travers des ruisseaux et qui formaient barrage. Lorsque les haches avaient fini de livrer au courant les éclapes blanches, le poids des eaux retenues rassemblait sa force et se ruait par la brèche, bousculant tout sur son passage. En amont, il fallait tenir ferme les embarcations.

Dans les passages les plus délicats, Raoul et Stéphane filaient, amarraient leur canot, puis remontaient à pied sur la berge en pataugeant jusqu'à l'endroit où les autres attendaient. Là, ils prenaient leur place, les laissant descendre à pied sur la rive. Et c'était la grande fierté de Stéphane que son oncle le préfère à son père pour ce travail. C'est qu'il avait déjà maintes fois navigué avec le trappeur. Ils s'entendaient à la perfection. Lorsqu'il se trouvait à la proue, le garçon était comme un simple élément d'une machine dont l'essentiel se tenait à l'arrière. Un ordre bref et, sans hésitation, son geste répondait avec une précision étonnante.

De ruisseau en ruisseau, jour après jour, ils atteignirent enfin la rivière Kakake, plus large et plus profonde, dont le cours moins fougueux leur permit de se détendre un peu. Mais bientôt le travail périlleux reprit pour le passage des rapides. Le ciel était clair. Quelques feuillus flambaient encore, semant ce qu'il leur restait d'or. La résille des branchages déjà dépouillés gravait des festons d'un burin minutieux tout au long des rives.

Après tant de combats menés contre les eaux charrieuses de bois mort où se dissimulaient mille pièges, il fallut une journée de travail pour réparer les deux canots lardés en maints endroits. Tandis que les trois hommes s'y appliquaient sous un soleil presque chaud, Catherine put pétrir du pain et le cuire entre deux grandes poêles de fer. Ce fut une fête que de goûter ces galettes tièdes et odorantes, qui craquaient sous la dent. Stéphane tua deux perdrix avec son lance-pierres, il réussit à prendre un brochet d'au moins six livres. Et comme Catherine se souvint qu'on était dimanche, devant leur tente ouverte, ils s'agenouillèrent pour une prière. La jeune femme dit à voix haute :

– Bonne Vierge Marie, mère de Jésus, faites que notre nouveau pays ne soit pas un enfer. Nous ne vous demandons point le paradis terrestre, mais que la vie soit possible. Qu'un travail nous soit offert qui nous permette d'élever nos enfants dans la dignité sans qu'ils aient à pâtir.

La route les reprit. De la rivière au grand lac Kewagama huilé de lumière vive, d'un autre portage à travers bois et marécages au lac Seal's Home puis à l'Harricana, ils allèrent interminablement de souffrance en fatigue. Une sinistre neige fondante les accompagna tout un jour, puis la pluie de nouveau avec toujours ce vent qui vous scie le visage.

Au matin, il leur fallut deux fois rouler la tente craquante de glace. À la fin, ils allaient sans penser, sans presque parler, pareils à des bêtes que le joug retient et que guide l'aiguillon. Ils ramaient ou marchaient les dents serrées sur leur fatigue, n'osant même plus se demander ce qu'il restait encore de route à parcourir. Ils allaient vers le nord parce que la rivière y conduisait. Seul Raoul demeurait un homme en éveil, les autres le suivaient, moutons aveugles, bétail exténué, n'espérant plus qu'un feu près duquel s'arrêter, s'allonger et dormir.

Chaque soir il fallait répéter les mêmes

gestes pour monter la tente, dérouler le couchage humide et froid où ils devraient pourtant s'enfiler. Sous les braises, Catherine mettait chauffer de gros galets dont elle bassinait leur couche. Elle en plaçait également dans le fond de leur abri de toile, mais ce n'était guère qu'une illusion de chaleur que ces pierres leur donnaient.

Où conduisait donc ce cheminement harassant ? Verrait-on jamais le terme de cette route d'espérance ? N'avait-on point passé sans le voir ce lieu où, pourtant, Raoul affirmait que déjà des ouvriers avaient bâti de vraies maisons ?

Nul ne demandait plus rien. Chacun s'accrochait à la présence des autres. Le silence était la seule réponse aux propos de Raoul qui tentait encore de plaisanter.

Et puis, un soir, alors qu'un ciel uniforme et sans clarté pesait sur eux, un cri du coureur de bois les tira de leur accablement.

– Regardez !

Levant la tête, loin devant eux, ils virent clignoter deux yeux d'or. Le flot où miaulait un nordet glacial étirait les reflets jusque vers eux comme pour leur tracer un double sentier de lumière.

DEUXIÈME PARTIE

LA SAISON MORTE

15

Ils se tenaient immobiles autour de la table, engoncés dans leur fatigue comme en un vêtement douillet. Par-delà l'odeur âcre des pipes, la baraque sentait bon le feu et la soupe au lard. La lumière qui tombait d'une grosse suspension de cuivre éclairait la table encore encombrée. Au milieu, dans un large plat blanc, un morceau de pouding au riz baignait comme un îlot neigeux dans son sirop d'érable.

D'épais quartiers de silence permettaient d'entendre le vent le long du toit. Une tôle battait sourdement quelque part.

Catherine et son mari assis côte à côte sur un banc se tenaient accoudés devant leur assiette vide, un peu écrasés. Des rigoles de sueur marquaient de noir le visage d'Alban. Son front portait la trace de son chapeau qui avait déteint. En dépit de sa fatigue, la jeune femme avait eu un sursaut de coquetterie et pris soin de relever dans un foulard bleu ses cheveux mal coiffés dont seules quelques mèches dépassaient sur les tempes. En face d'eux, Raoul et Stéphane paraissaient moins épuisés. Le coureur de bois avait écarté son tabouret. Une jambe repliée, la cheville droite sur le genou gauche, il semblait tout à fait à l'aise.

– Tout de même, venir de si loin, avec tout ce fourbi et des enfants si jeunes !

L'homme qui répétait cela pour la troisième fois s'appelait Hector Lavallée. Il était à une extrémité de la table. À l'autre bout, se tenait Léandre Ouimet.

En parlant, Hector Lavallée s'était tourné vers un angle de la pièce que l'abat-jour tenait dans la pénombre. Sur un matelas déroulé à même le plancher, Louise et Georges dormaient, couverts jusqu'aux oreilles.

Léandre Ouimet observa :

– Vous auriez pu monter par le train jusqu'à Cochrane.

– C'était pas plus facile, fit Raoul. Du Nord Témiscamingue, faut redescendre. Ça fait des milles et des milles, et les transports sont pas pour rien.

– Vous n'aviez pas de bête ?

– J'avais un cheval, dit Alban. Il a crevé l'hiver dernier.

Le silence se reforma. Leur misère ainsi exposée aux regards des deux inconnus, à présent, un peu de gêne les prenait.

Hector Lavallée était un petit homme maigre et brun d'une quarantaine d'années. Une forte moustache grise jaunie par le tabac battait des ailes sur ses lèvres minces. Sa langue habile déplaçait sans cesse un mégot aplati qu'il rallumait souvent. Comme son énorme briquet

114

de cuivre donnait une longue flamme terminée par une queue de fumée noire, il inclinait la tête et avançait les lèvres pour éviter de brûler ses moustaches. Ses sourcils épais tenaient à l'ombre de petits yeux trop rapprochés. Ses prunelles noires luisaient de malice.

M. Ouimet, plus rond, à peine plus grand, montrait un visage lourd, rasé de près, qui luisait, contrastant avec la barbe mal faite de Raoul et d'Alban. Léandre Ouimet était l'ingénieur chef de chantier, Hector Lavallée son géomètre.

Au crépuscule, lorsque des appels les avaient tirés de leur baraque, ils avaient tout d'abord refusé de croire que ces deux canots pareillement chargés et équipés arrivaient de si loin. Avec quatre ouvriers sortis d'un autre campe, ils avaient procédé au déchargement et transporté le matériel dans une remise où se trouvait leur outillage. Durant le débardage, Catherine et les deux petits se chauffaient en buvant du thé près du gros poêle de tôle où brûlaient de bonnes bûches.

Tout au long du repas, les nouveaux venus avaient raconté leur voyage. À présent, M. Ouimet donnait des explications :

– Ça fait depuis le début de juillet qu'on est là. Le gros de notre travail, ce sera le pont. Un bon pont de charpente sur l'Harricana pour que la ligne puisse traverser.

Il avait une voix grave qui vibrait un peu. Ses joues tremblaient quand il parlait. Il passait souvent sa paume sur son front incliné qui fuyait loin avant de rencontrer des cheveux bruns partagés par une raie centrale très blanche. Il avait de fortes mains potelées. En parlant et en écoutant, il lui arrivait constamment de tambouriner sur la table du bout de ses doigts ronds aux ongles courts. Quelques roulements rapides, puis il s'arrêtait, croisait les mains comme pour les contraindre à l'immobilité. Mais, un instant après, elles échappaient à sa surveillance, se désunissaient pour recommencer leur tambourinage.

– Ici, demanda le géomètre, qu'est-ce que vous comptez faire ?

Raoul expliqua : dans l'espoir qu'une ville naîtrait là, ils voulaient être les premiers. M. Ouimet se mit à rire. Ses deux mains battirent une sorte de charge brève sur le bois blanc.

– Sûr qu'en un endroit où le train franchit une rivière, il y aura une ville. Mais qu'est-ce que vous voulez y faire ? La construire ? Monter des maisons pour ceux qui viendront ou bien faire de la terre ?

Alban passa sa main sur son menton qui émit un beau bruit de râpe.

– Moi, commença-t-il, de la terre, je voudrais...

Sa femme l'interrompit :

– La terre, on pense pas que ce sera bien rentable. C'est trop au nord.

– C'est vrai, observa le géomètre. Les gelées sont tardives, seulement le sol n'a pas l'air pauvre du tout. Je pense même qu'il est assez riche.

Le regard d'Alban s'était éclairé. Il se redressait déjà sur son siège lorsque Raoul intervint :

– Y viendra sûrement des gens qui voudront faire des lots; nous, on pensait plutôt à un commerce.

L'ingénieur et le géomètre se regardèrent.

– Ma foi, fit le second, si une ville se monte, faudra des magasins. Mais c'est pas demain la veille.

– On va commencer par se construire un bon campe en bois rond. Après, de toute manière, moi, je vais piéger. Autrement, on est gens à tout accepter. L'ouvrage nous effraie pas.

Léandre Ouimet les observa un instant. Son visage était redevenu grave. Il repoussa son assiette vers le milieu de la table pour laisser davantage de place à ses mains. La droite tambourina un peu, mais en sourdine et sur un rythme lent, puis elle s'arrêta. Sa main gauche se porta à son front, puis à sa poche dont il tira une belle pipe en écume qu'il se mit à tourner et retourner entre ses doigts. Les autres gardaient le silence, observant cette pipe comme si elle eût détenu la réponse qu'ils espéraient.

– Du travail, c'est pas ce qui va manquer. Dans une huitaine, un contracteur devrait monter. Il va sûrement amener des hommes, mais il en faudra beaucoup.

– Moi, fit Alban, je peux travailler à la coupe, ou sur la voie.

– Moi aussi, fit Stéphane.

– Sûr que vous resterez pas sans embauche, dit le géomètre en roulant une autre cigarette.

L'ingénieur se tourna vers Catherine pour demander en souriant :

– Vous aussi, vous voulez du travail ?

– Je vais pas me tourner les pouces en les regardant. Je l'ai jamais fait, c'est pas pour commencer ici.

– Est-ce que vous savez recoudre les boutons ?

– Bien entendu. Et plus que ça. Je sais coudre et tricoter. Mes petits, c'est toujours moi qui les habille.

Comme les yeux se portaient vers Stéphane dont la chemise et la vieille veste accusaient toutes les fatigues du voyage sur l'eau et à travers les ronciers, il y eut une hésitation avec des échanges de regards, puis un rire général les empoigna.

– C'est pas de la bonne publicité, fit M. Ouimet. Mais on comprend.

– Ce sera de la publicité quand j'aurai arrangé tout ça, fit Catherine avec fierté. Vous verrez. Vous verrez. Vous arrêterez de vous moquer de moi.

Ils continuaient de rire.

Catherine riait avec eux et regardait en direction des enfants endormis. Quand le calme revint, avec fermeté et sur un ton qui ne donnait plus envie de rire, elle dit :

– J'ai jamais rougi de mon travail. Je peux même laver et repasser. Des hommes n'ont qu'à me confier leur linge, ils verront comme ça sera tenu.

– Ça alors, lança Hector Lavallée, c'est une aubaine. Je déteste ce genre de corvée. Je crois que nous allons nous entendre très bien. Si tous les hommes du chantier sont comme moi, vous allez faire fortune à toute allure !

118

Raoul eut un clin d'œil en direction de sa sœur. Leurs regards voulaient dire « magasin général ». Mais c'était entre eux. Personne d'autre, pas même Stéphane, ne pouvait saisir le langage muet qui datait de leur enfance.

Sur le fourneau de tôle, un gros coquemar émaillé rouge dont le bas était noir venait de se mettre à siffler. Le géomètre se leva et alla le chercher. À sa manière de relever l'anse et de l'empoigner avec un patin de tissu, on sentait l'habitude et l'aisance. On comprenait aussi que cet homme sec éprouvait une certaine considération pour pareil personnage ventru et tout fumant d'importance. Il l'apporta religieusement jusqu'à la table. Le sifflement décrût pour n'être plus qu'un souffle assez mélodieux que tout le monde écoutait. La musique cessa lorsque le géomètre versa un peu d'eau dans un petit cruchon également émaillé rouge mais net comme un sou neuf. D'un geste souple, il fit tourner le récipient d'où la buée montait pour se mêler à la fumée des pipes, puis il alla vider cette eau dans un seau près d'un petit évier de fonte. Revenu à la table, il ouvrit un pot de grès bleu où il puisa deux cuillerées d'un thé très noir qu'il mit dans son cruchon. Là-dessus, il versa de l'eau, couvrit, et s'en fut poser sa bouilloire sur l'évier.

Tout le monde avait suivi ses gestes en silence et c'est seulement lorsqu'il eut repris sa place que M. Ouimet se permit de dire :

– Hector est le grand spécialiste du thé. Il a vécu avec des Anglais. C'est exactement comme s'il était anglais lui-même. Les Britanniques ont peut-être le génie du thé, mais ils ont aussi le chic pour imposer aux autres leur façon de concevoir la vie.

– Elle n'est pas toujours mauvaise, fit Hector.

– Je ne dis pas, mais l'imposer aux autres, c'est un peu fort.

– En attendant, observa Catherine, c'est vrai que le thé est rudement bon.

– Il a au moins le mérite d'être chaud, dit M. Ouimet en se levant. Mais on peut se réchauffer autrement.

Il se dirigea vers un petit meuble qui, en fait, était une caisse dressée contre le mur de rondins et recouverte d'une cretonne à fleurs jaunes et vertes. Il souleva un pan et sortit une bouteille qu'il serra dans son bras au moment de passer à côté du géomètre. La rondeur de son geste allait bien à sa corpulence. Il fit une grimace comique à Hector Lavallée qui répondit par un haussement d'épaules.

– Toi, fit l'ingénieur, tu peux te fouiller pour en avoir. Tu as tordu le nez dessus. Monsieur fait le difficile avec mon gin de première qualité et voudrait que je lui en donne : Bernique !

– Je ne fais pas le difficile. Je dis qu'il y a mieux. Et je peux même ajouter que si tu ne m'en donnes pas, je m'en vais demain pour en chercher à Cochrane.

Ils plaisantèrent ainsi un moment et M. Ouimet servit de son alcool à tout le monde excepté Stéphane et sa mère.

– D'ici un an, proclama Hector Lavallée, je pourrai aller par le train à Vancouver ou à Québec me chercher tout le gin que je voudrai à une commission des alcools.

Il y eut une empoignade entre eux à propos de la meilleure direction à prendre pour acheter du gin, puis M. Ouimet cria :

– Nous sommes des crétins, avant un an il y aura ici un magasin général. Et si celui qui l'ouvre ne se débrouille pas pour nous procurer des alcools, je crois pouvoir prédire qu'il ne fera pas long feu sur la place.

Comme Alban demandait s'il était vrai que d'ici un an la ligne serait achevée, M. Ouimet hocha la tête, tira une grosse bouffée de sa pipe et dit :

– Absolument certain. Le dernier tronçon se fait. Il devrait être rendu ici. C'est côté Pacifique qu'ils ont pris du retard. En Colombie anglaise, ils ne parvenaient pas à trouver du personnel de gros œuvre.

Avec aigreur le géomètre lança :

– Je les connais, ceux-là. Y veulent tout avoir sans rien foutre ! C'est tous des gens de la haute. La pioche : pas pour eux.

Ils allaient repartir dans une discussion lorsque Stéphane, dont les yeux papillotaient depuis un moment, tomba d'un coup le nez en avant, le front sur son bras replié.

– Mon Dieu, fit M. Ouimet. Nous sommes des brutes à vous faire veiller comme ça. C'était tellement bon d'avoir de la visite ! Allez, faut organiser le couchage. Que cette première nuit sur votre nouvelle terre soit toute colorée de beaux rêves.

16

Raoul avait mis à profit les dernières lueurs du crépuscule pour monter sa tente à bonne distance des baraquements, contre l'orée de la forêt. Au moment du coucher, M. Ouimet avait encore insisté pour garder tout le monde sous son toit, mais le coureur de bois n'avait rien voulu entendre. Titubant de fatigue, à moitié endormi, Stéphane s'était accroché à lui. À présent, ils se trouvaient dehors où la nuit était d'une épaisseur surprenante. La porte refermée, ils demeurèrent un instant immobiles, écoutant les voix venues de l'intérieur. Sur leur droite, la fenêtre dessinait un étroit losange de lumière. Avec une espèce de joie sauvage dans la voix, Raoul dit :

– J'm'en doutais, bon Dieu ! Je l'aurais parié !

– Quoi ?

– Tu la sens pas sur ta gueule ? Regarde-la, devant la fenêtre.

S'efforçant de se réveiller un peu mieux, le garçon s'avança. Dans la lumière orangée quelques flocons ténus voltigeaient, bousculés par un faible vent d'ouest.

– La neige.

– Ça te réveille, hein ! fit Raoul en lui claquant l'épaule. Ce coup-ci, c'est de la vraie. Bien sèche. Pas comme la saloperie pourrie qu'on a prise en route.

Dans cette nuit totale, Stéphane se laissa guider par son oncle qui marchait comme en plein jour. Dès qu'ils furent sous la tente, Raoul alluma une lanterne qu'il accrocha au piquet central. Se retournant, il ferma soigneusement la portière avec le lacet de cuir puis releva une peau de loup qu'il allongea entre le tissu et le sol en disant :

– Faut se méfier. On est orientés pour lui tourner le dos, mais quand c'est fin, ça s'infiltre partout.

Lorsqu'il se retourna, Stéphane s'était déjà glissé dans son couchage et tirait une fourrure sur lui. Raoul se mit à rire.

– Tu perds pas de temps, toi. Tu dormais debout.

– J'ai plus sommeil. L'air m'a réveillé.

– Si ça tombe vraiment, on va être les rois.

– Je comprends pas.

– C'est pas compliqué. La neige va nous faire plus forts que les autres. Demain matin, tu vas les entendre. Y vont tous sacrer. Nous deux, on va rigoler. On leur dira qu'on aime ça. Peut faire des moins soixante, moi je m'en fous comme de l'an quarante. Je suis à l'aise sous la toile.

Il se déshabillait calmement.

– Quand y fera bien froid, dit Stéphane, on aura sûrement fini de construire.

– Faut espérer. Seulement moi, je vais pas moisir là. Je vais aller trapper. Tu viendras avec moi. Faut que t'apprennes la forêt.

Une plainte du vent passa, s'appuyant un moment sur la toile comme si la nuit voulait s'assurer de leur présence. Il y avait quelque chose d'amical dans ce voisinage enveloppant de l'épaisseur nocturne.

– Tu vas vraiment me prendre avec toi ?

– Tu parles ! On se fera plus de sous avec les fourrures qu'en se crevant la paillasse pour des contracteurs. Je les connais, ces gars-là, ça bouffe la laine sur le dos des travailleurs ! C'est des gens qui te prennent la moitié de ton salaire. Et encore, y trouvent moyen de t'engueuler !

Raoul souffla la lampe et se coula sous les peaux. L'obscurité semblait pétrie d'un silence où les respirations étaient la seule vie. La nuit extérieure avait fini de s'endormir.

– Pourtant, fit Stéphane après un moment, le transcontinental, tu disais que finalement, ce serait chouette. Ça va aller d'un bord à l'autre.

– J'vois pas ce que ça change au fait que les contracteurs sont des salauds. Mon pauvre Steph, le monde est tout plein de salauds. À l'est comme à l'ouest.

– Ce que je veux dire, c'est que tu trouves ça bien mais tu veux pas y bosser.

L'oncle éclata d'un grand rire.

– Toi, mon gars, t'en as de bonnes ! Le vrai

pain blanc, est-ce que t'aimes ça ? Celui qu'on trouve en ville ?

Hésitant, Stéphane fit :

— Bien sûr.

— Alors, tu le laisses faire par le boulanger. Ben moi, c'est pareil. Je prendrai sûrement leur foutu track un jour ou l'autre pour aller voir tout au bout de l'ouest comment c'est fait, mais la voie, j'aime mieux la laisser poser par les autres. Et le train, j'pourrais aussi aller le prendre à Montréal. Pas besoin du tronçon qui va sur Québec.

Ils demeurèrent un moment sans parler. Le vent avait dû trouver de quoi jouer dans la forêt. On l'entendait comme s'il eût tourné en rond autour des arbres, comme s'il se fût installé en ces lieux pour y mener sa petite ronde tranquille. Ils parlèrent encore un moment du chemin de fer et des travaux. Raoul qui connaissait bien l'Harricana prévoyait mille difficultés à la construction d'un pont. Puis Stéphane demanda :

— Tu crois que ma mère va me laisser partir avec toi ?

— Je suis certain. Je peux même te dire que si elle était un homme, elle viendrait avec nous. Elle râle toujours après moi, mais quand on était gosses, elle en a fait voir à la mère pis que pendre. Le plus garçon, c'était elle.

Vite attendri, d'une voix où perçait l'émotion, il se mit à évoquer son enfance à Lachine, au bord du Saint-Laurent; son père tué sur le port par la chute d'un madrier, sa mère blanchisseuse usée à la tâche et morte depuis plus de dix ans. Il parlait. De loin en loin, Stéphane lui faisait préciser un détail. Quand Raoul disait :

– Je te l'ai déjà raconté.

Le garçon répondait :

– Ça fait rien. J'aime bien.

Le sommeil les avait vraiment abandonnés alors qu'ils traversaient la nuit froide. Revenant à ce pays, l'oncle expliqua :

– Tu vois, petit, même quand on n'a pas dans l'idée de faire de la terre pour cultiver, faut tout de même prendre contact avec le sol. C'est une chose que bien des gens peuvent pas comprendre. D'ailleurs, ça se comprend pas, ça se sent, comme un loup sent une piste. Moi, si j'avais pas couché par terre cette nuit, je sais pas comment t'expliquer... ça m'aurait manqué.

– C'est pourtant pas la première fois que tu couches dans les parages ?

– Non. Je peux même te dire que j'ai souvent fait halte juste en face, sur l'autre rive, en amont. Seulement, ce soir, c'est pas pareil... On risque de rester un moment. Le passage, c'est différent.

Il semblait un peu embarrassé. Comme si le seul fait de penser qu'il pouvait être amené à séjourner quelque part suffisait à le mettre mal à l'aise. Après un temps, il eut un petit rire et ajouta :

– En tout cas, si t'étais resté comme une femme dans leur baraque, ça m'aurait rudement déçu. Je te le dis.

Sortant son bras de dessous la fourrure, il chercha l'épaule du garçon qu'il serra fortement dans sa longue main dure en secouant doucement pour faire passer l'amitié.

Le vent chantait toujours dans la forêt proche où la nuit s'alourdissait de toute cette blancheur ténue, invisible pour le moment et d'une infinie légèreté.

17

Les terres d'Abitibi s'endormaient doucement sous la première neige.

Le passage du long chemin de fer n'avait pas encore troublé la vie secrète et sauvage de l'immense vallonnement recouvert de forêts.

Dans la langue des Algonquins, Abitibi signifie : « eaux mitoyennes ». Jadis, le nom désignait seulement le vaste lac à mi-distance du Saint-Laurent et de la baie James. Les eaux du pays hésitent entre le nord et le sud pour finir par se partager. La goutte de pluie tombée ici coulera d'un côté, une autre que le vent porte deux pouces plus loin roulera sur le versant opposé.

Le lac et ses rives, territoire de chasse des Algonquins, ont fini par donner leur nom au pays à cheval sur l'échine des pentes.

L'essentiel de l'Abitibi, ce qu'elle possède de plus authentique, s'incline vers le nord. Sur cette contrée déclive, nul grand forestage n'avait été mené avant l'ouverture de la ligne. Si cette région a porté si longtemps une toison intacte, elle le doit justement à son inclinaison vers le nord. Elle tourne le dos à ce qui détruit. D'un geste naturel, elle se refuse aux exploitants, aux dévoreurs de bois.

L'homme prédateur néglige les terres où la drave n'est pas possible. Pourquoi viendrait-il abattre du bois sur un versant où la nature lui refuse assistance ? Où les cours d'eau ne veulent point collaborer à sa tâche ? Ici, les fleuves coulent dans le mauvais sens. Ils charrient leur butin jusqu'aux mers glaciales; qui donc serait assez fou pour expédier des grumes vers ces contrées perdues ?

Lorsque la nature lui refuse alliance, il arrive que l'homme renonce.

Jusqu'au début de ce siècle, jamais nul forestier n'avait porté la hache sur l'Abitibi. On avait attendu que la force terrible tirée de la vapeur fût tout à fait domestiquée pour exploiter le Nord. Jusqu'alors, les seuls hommes blancs venus dans ces parages avaient vécu du trafic avec les Indiens, de la chasse, de la trappe. Ils avaient suivi les pistes tracées depuis des millénaires par d'infatigables marcheurs.

Les indigènes des rives du lac continuent d'embaumer leurs morts qu'ils boucanent au branchage de cèdre avant de les enrouler de bandelettes imprégnées d'une poix brune, savant mélange de différentes résines odorantes tirées des arbres baumiers.

Entre la chaîne des hauteurs et les rives de la baie James, c'était le vide. La forêt semée de lacs, parcourue de ruisseaux et de fleuves. Un vide habité d'une vie qu'ignorait le monde des cités et des campagnes à blés. Un sol de marne bleue, blanche, rouge ou grise, recouverte d'un humus épais grouillant de larves. Cette terre portait des morts depuis soixante-dix mille ans.

Les humains utilisent parfois les rivières pour délimiter les nations. Il arrive plus souvent que les cours d'eau se moquent des frontières tracées pour diviser les peuples. Ainsi le fleuve Abitibi s'en va décrire une large courbe vers l'ouest, roulant ses eaux argileuses jusque sur l'Ontario. C'est un personnage de caractère, appuyé sur un passé chargé. Il franchit en grondant des passages resserrés où la roche le déchire. Lorsqu'il dégringole du haut des falaises, son écume trouble sent fort la terre remuée. Le brouillard que lèvent les chutes a des relents d'orage. C'est aussi un fleuve qui se souvient.

Un jour, il y a plus d'un siècle, une troupe iroquoise s'en revenait d'une incursion en territoire algonquin. Ces guerriers avaient tué, pillé, violé et incendié plusieurs villages. Ils ignoraient que le fleuve Abitibi a, depuis des millénaires, conclu un pacte d'amitié avec le peuple algonquin. Dans leur canot, les vainqueurs emmenaient une captive jeune, belle, encore vierge. Alors que ces guerriers solides, habitués à dominer les eaux les plus orgueilleuses, naviguaient sans inquiétude, tout fiers de leur victoire, le flot s'est mis en colère. D'un coup, en un lieu des plus calmes, par un temps timide et doux sa fureur s'est levée. D'un seul mouvement, un remous fabuleux a soulevé et retourné les embarcations. En quelques instants tout s'est trouvé brisé, fracassé, englouti. Bons nageurs, les Iroquois furent pourtant noyés.

Une vague de ce remous, longue et douce comme une caresse, a déposé sur le rivage la jeune Algonquine délivrée, bien vivante et toujours vierge.

Les rivières de ce pays sont toutes profondes alors que les lacs, même les plus grands, n'ont qu'un faible tirant. C'est que chaque printemps voit déferler des crues nerveuses qui creusent le lit des cours d'eau et s'en vont déposer les glaises au fond des vastes étendues immobiles.

À l'est du fleuve Abitibi, l'Harricana pousse lentement son chemin sinueux à travers le pays plat, à peine bossué, où les eaux limoneuses cherchent leur voie hésitante.

Ce territoire, c'est le vieux. L'ancêtre. Un des plus âgés de la planète. Au moins quatre milliards d'années. Une croûte de lave lentement refroidie, durcie et bloquée là. Sur cette croûte, un glacier s'est traîné. Il y a quelque chose comme dix-huit à vingt mille ans. Force colossale, montagne glauque aux arêtes friables venue du Labrador, lentement, lentement. Avance irrésistible. La roche toute neuve, le glacier l'a façonnée à sa fantaisie. Enfoncée, rabotée, usée, crevassée et parfois recouverte de tout ce qu'il portait dans son ventre d'énorme hiver en marche.

Ce qui dépasse ici de la platitude sans bornes, ce sont les excréments du glacier disparu. Les débris du combat qui s'est livré entre la glace et la roche, entre ce qui était établi ici et ce qui passait. Entre le statique et le mouvant.

Les rares verrues poussées sur la carapace du précambrien ont dû labourer son ventre aux couleurs de jade râpant les crânes de granit. On le devine à la voussure des collines, à l'arrondi des roches. Les siècles ont passé, le souvenir demeure de cette lutte, de cette terreur inspirée à la terre par le charroi grondant de la montagne translucide. On croit percevoir encore l'écho terrible des craquements. De la masse en déferlement devaient dépasser quelques arêtes, peut-être les os de cette vieille carcasse que seul le soleil pouvait user vraiment. Ces saillies acérées ont labouré le bouclier. Bien plus tard, les derniers ruissellements allaient emprunter leurs sillons où coulent encore les rivières d'aujourd'hui.

En plein élan, le glacier a buté du nez contre l'échine du pays. Le Sud hâtait sa mort. L'a-t-il senti ? Renonçant à forcer l'obstacle, il a marqué un temps d'hésitation. Effrayé peut-être par ces contrées où le soleil régnait en maître absolu, à court de forces neuves, trop vieux déjà pour engager le combat, il a piétiné quelque temps. Sans doute aurait-il aimé s'accrocher là, adossé à ces crêtes protectrices, demeurer pour coloniser le pays, faire son lit de repos après tant de voyages. Trop tard ! C'était déjà l'ère des grands réchauffements. La lumière brûlante des cieux investissait la terre. L'ayant compris, le glacier a voulu rebrousser chemin, regagner ce Nord plus nord où l'hiver tient tête. Mais le soleil marchait plus vite que lui. Légère, aérienne, libre de toute entrave, la chaleur le rattrapait sans peine.

Suant à gros ruisseaux, emplissant les creux de sa transpiration, le glacier est mort en route.

Ainsi devait finir en eau cet orgueilleux venu en conquérant. Ainsi finissent tôt ou tard les tyrans dont le rêve est de domination.

Des argiles en couches irrégulières qui permettent de compter les saisons de la terre, des rivières tortueuses, quelques blocs de granit, une multitude de lacs sont tout ce qui témoigne encore de son passage. Les glaises se souviennent.

Elles restent froides et refusent de s'égoutter vraiment.

Dès la fin de ces époques désolées s'ouvrait le règne de la forêt. De siècle en siècle son humus s'est accumulé, entassé, affaissé, effondré, reconstitué. L'arbre généreux régénère la terre et la vie renaît de sa putréfaction.

Ce pays qui regarde en direction des glaces éternelles tourne le dos aux hommes domestiqueurs de feu, allumeurs d'incendies. Il se sent bien au fond moelleux de sa solitude. Sur son vaste dos plat que bossellent quelques muscles, il porte sa toison de bouleaux et d'épinettes. Une forêt qui décroît à mesure qu'elle va vers le nord. Sauvage, elle n'accepte que ceux qui la connaissent bien. Elle exige l'amitié. L'amateur n'y est pas admis. Même si celui qui la fréquente depuis longtemps se permet d'aller trop loin, de dépasser les limites de sa propre connaissance, ce peut être le drame. Pour cette forêt : aucune domination. Celui qui veut en être le maître risque de payer très cher son audace. La bête referme sur lui sa mâchoire de glaces acérées. Elle ouvre dans son hiver un creux de la taille d'un sarcophage. Elle l'attire. Elle l'immobilise et l'emprisonne de sa force pétrifiante.

Du moins avait-elle agi de la sorte jusqu'au début de cette ère nouvelle des fauves à vapeur. Elle avait pactisé avec l'homme de chasse et de traite qui savait la pénétrer sans la violer. Elle ignorait encore l'existence de ceux qui refusent la ligne courbe et ouvrent des itinéraires qui font saigner la terre.

Or ceux-là arrivaient. Empruntant les pistes d'autrefois, se laissant porter par les eaux, bâtissant pour affronter le nordet, les gens du chemin de fer s'installaient. Sans vergogne ils allaient couper en deux ce qui vivait là depuis des millénaires en harmonie parfaite avec les profondeurs obscures du vieux royaume nordique.

18

– Six pouces ! L'en est tombé au moins six. pouces !

Raoul venait d'ouvrir la portière de la tente. Le jour pointait à peine. Stéphane se souleva dans son couchage et cligna des yeux. De la fenêtre de la baraque coulait déjà la clarté des lampes.

– J'espère qu'y vont nous avoir préparé la soupe. Allez, sors-toi de ton trou ou je te roule dans la neige.

– Tu pourrais seulement pas...

Le garçon n'eut pas le temps d'en dire davantage. Raoul qui n'avait enfilé que son pantalon le tira tout nu de dessous les fourrures et le porta dehors.

– Au secours !... Y veut me tuer !

Steph hurlait. Agrippant au passage un piquet de la tente, il le tira si fort que la toile s'écroula au moment précis où s'ouvrait la porte de la baraque. M. Ouimet parut, suivi des autres. Déjà les deux lutteurs roulaient dans la neige, l'un complètement nu et l'autre à moitié.

– Aux fous ! glapit Hector Lavallée.

– Allez, Steph, défends-toi !

– Vas-y, l'oncle Raoul, roule-le !

– Fais-lui-en bouffer !

Tous criaient tant et si fort que, du bâtiment voisin, les bûcherons sortirent à leur tour. Bientôt un vaste rire déferla sur le pays. Le cercle s'était formé autour des lutteurs. Mais le combat ne dura guère. À bout de résistance, la bouche pleine de neige, crachant et soufflant, Stéphane se laissa aller sur le sol, les bras en croix. Il haletait :

– Arrête... t'es l'plus fort.

– Vous êtes mabouls, fit la mère. Y va prendre la crève, ce gamin.

Raoul se releva, tirant par le bras le garçon qui dissimulait son sexe avec sa main.

– Pas besoin de l'cacher, ricana Raoul, faudrait une loupe pour le voir.

Le rire reprit de plus belle.

– À présent, y a plus qu'à tout relever.

– Viens que je te sèche, cria Catherine.

– J'voudrais bien voir, fit Raoul. C'est lui qui a foutu la toile par terre et c'est moi qui la redresserais tout seul ?

Les autres rentrèrent et refermèrent la porte en criant qu'il y avait du chaud à manger.

– Tout de même, grogna Stéphane, t'es vache.

– Moi, faut jamais me dire chiche. Mais je peux te jurer que t'auras pas froid de la journée.

– C'est pas à cause de la neige, seulement à présent, y m'ont tous vu à poil.

L'oncle pouffa :

– Et alors ! Qu'est-ce que tu crois, on est tous faits pareil. Et quand ça a froid, cette affaire-là, c'est toujours ratatiné.

Dès qu'ils eurent relevé la tente et qu'ils furent vêtus, ils gagnèrent le baraquement. La chaleur coupait le souffle. Sur le bout de la table, deux écuelles attendaient. La soupe fumait sur le poêle qui ronflait comme une forge. Le reste de la table était occupé par de grandes feuilles de papier déroulées dont des cailloux maintenaient les angles. Alban et Catherine regardaient, écoutant les explications de M. Ouimet.

– Là, ce sera le pont. Pour l'heure, pouvez vous monter un campe dans cette zone. Le coin est sain. La place est déjà nettoyée à peu près. C'est là qu'on a abattu en arrivant. Faudra laisser les sapins vers l'ouest pour vous couper le vent.

Raoul avait empli de soupe les deux écuelles. Tout en mangeant, son neveu et lui suivaient des yeux et des oreilles.

– Pour commencer, dit Raoul, on va monter la grande tente. On a un petit fourneau pliant en tôle pour mettre dedans.

– Certain que vous serez davantage chez vous, dit le géomètre. Si ça gèle trop fort, pourrez toujours venir vous chauffer ici, et même loger.

– En tout cas, fit Ouimet, on a des godendards et de bonnes haches. Et un cabestan si vous avez besoin pour dessoucher.

Aussitôt la soupe terminée, ils sortirent tous. Un vent léger dépiautait les sueurs de la nuit. Une lumière tamisée baignait les blancheurs.

La neige avait apporté la joie. Les enfants entamèrent une telle bataille de boules que Raoul dut élever la voix pour ramener le calme.

Vers l'est, on entendait claquer les haches et pleurer les scies des hommes ouvrant dans la forêt la longue tranchée par où se glisseraient les couleuvres de fer qui devaient porter les wagons d'un océan à l'autre.

Il fallut deux bonnes heures pour dresser, sur six piquets pris dans la forêt, la grande toile où même Raoul pouvait entrer sans se baisser. Au centre, ce toit d'un vert pisseux portait une plaque de fer-blanc d'environ dix pouces sur dix percée d'un trou rond par lequel ils firent sortir le tuyau à fumée du fourneau.

— Dès que je retrouve un poêle, observa Catherine, je me sens chez moi.

— Drôle de chez-nous, fit Alban en montrant l'épaisseur de boue dans laquelle ils pataugeaient.

— Vous allez tous déguerpir, ordonna Catherine. La boue, je m'en arrangerai. M'sieur Ouimet m'a dit que j'pouvais prendre des planches et des vieilles caisses. Les deux petits vont m'aider à les charrier. Ce soir, on aura un parquet que vous allez vous croire dans un château.

Elle riait. Tout le monde semblait heureux, même Alban qui reconnut :

— On a quand même une foutue chance d'être arrivés jusque-là avec notre matériel. Maudit ! J'ai bien cru vingt fois qu'on allait tout perdre.

— Sûr qu'on a de la chance aussi d'être

tombés sur des bonnes gens. J'crois qu'avec ce Ouimet, on va avoir de quoi s'occuper.

– Dans des coins aussi durs, fit Raoul, tu trouves que des gens bien. La racaille vient plus tard, quand y a du pognon facile à ramasser.

Les hommes sortirent des haches et un passe-partout de grande taille dont la lame violette chantait dès qu'on la caressait.

– Une vraie pute, dit Raoul. À peine tu lui parles du bois, v'là qu'elle commence à jouir.

Ils s'en allèrent tous les trois vers l'emplacement que leur avait indiqué l'ingénieur. Les arbres s'ébrouaient déjà, perdant la neige par paquets sonores. L'eau boueuse de l'Harricana semblait plus sale encore entre ces rives éclatantes où le premier soleil s'étirait.

Ils examinèrent la place. Les arbres avaient été coupés et dégagés; il restait seulement des tas de branchages.

– Faudra déjà brûler ça, observa Alban.

– Le campe, faut l'planter là. Pas trop près de l'eau mais pas trop contre le bois non plus, dit Raoul. En été, on sait jamais ce qui peut se passer avec le feu.

– Paraît qu'il y a une bonne source pas loin, dit Stéphane, faudrait voir...

– J'sais où elle est. Des coins où j'ai déjà couché dans cette forêt, j'ai pas fini de t'en montrer !

Il marcha le long de la rive, remontant jusqu'à s'enfoncer sous les premiers bouleaux. Les autres le suivaient. Il obliqua vers la droite. Se baissant, enjambant, écartant de ses deux bras un inextricable fouillis, il trouva bientôt une sente étroite, à peine tracée et qui, pourtant, filait presque rectiligne entre les arbres. Il la suivit une centaine de pas jusqu'à un endroit où elle s'élargissait vers la gauche. Là, le sol s'incurvait légèrement autour d'un bloc de granit en forme de tête de poisson.

L'oncle s'y appuya d'une main, fit un bond et se trouva sur une roche plus petite. Entre les deux, l'eau limpide jaillissait de terre pour prendre son élan et serpenter dans un sentier caillouteux bordé de lichens et de mousses. Il se baissa, prit de l'eau dans sa main et but une gorgée en disant :

– Ils l'ont pas trouvée. Celle qu'ils nous ont indiquée, je la connais aussi. Elle sort derrière leur baraque. Elle a un gros débit, mais l'été, il arrive qu'elle donne plus une goutte. Avec celle-là, pouvez être tranquilles. Je l'ai jamais vue à sec. Les Indiens la connaissent bien. Les bêtes aussi.

Ils regagnèrent l'emplacement dégagé et choisirent l'endroit où ils entreposeraient leur bois. Ils discutèrent également des dimensions à donner à leur bâtisse et tombèrent d'accord que vingt-deux pieds sur vingt-six était une bonne mesure.

Avant d'abattre, ils durent commencer par débroussailler. Ils s'y mirent tous les trois, menant un bon front qui visait à dégager en direction de belles épinettes que le taillis avait contraintes à filer droit pour chercher la lumière.

– Là, on aura déjà toutes nos pièces maîtresses.

Ils taillaient à larges coups de serpe, de croissant et de hache cette barbe touffue de la forêt qui croît dans son ombre et se nourrit entre ses racines. Sous leur piétinement, le sol devenait vite spongieux. Les mousses et les lichens gorgés d'eau comme des éponges crachaient tiède dans la neige qui fondait à moitié. Ils œuvraient dans un bourbier glissant qui montait parfois jusqu'en haut des bottes. La tâche était pénible, mais il y avait en eux cette rage de blesser, cette volonté de dominer qui habite toujours l'homme aux prises avec la forêt.

Sans que nul d'entre eux en fût conscient le moins du monde, ils attaquaient cette immensité vierge comme s'ils eussent voulu la vaincre dans sa totalité.

Excepté les hommes qui ouvraient l'interminable tranchée du chemin de fer, personne encore n'était venu bûcher sur cette terre et ce sentiment d'être les premiers leur donnait une force terrible.

Lorsqu'ils se mettaient à deux pour tirer au croc, vers le large de l'espace découvert, un énorme tas arraché au roncier, ils échangeaient des regards où passait leur joie rageuse, leur envie de victoire.

Après tant d'heures, tant de journées à lutter contre l'immensité, voici qu'ils l'attaquaient d'une autre manière. Ils se vengeaient sur la forêt de ce que les rivières et les lacs leur avaient fait endurer.

Lorsqu'ils abattaient un bouleau ou un tremble bien droit, Raoul disait :

– À toi, l'homme des neiges ! Ébranche-moi ça proprement et porte en place. C'est bon pour la couverture.

Le garçon cognait ferme, heureux de trancher bien net au ras du tronc, et d'un maître coup de serpe, des branches grosses comme son poignet. Il pataugeait ensuite jusqu'à l'emplacement choisi. Déjà le tas s'amorçait, gris et roux sur la neige fondante.

Enfin, vers le milieu de la matinée, ils eurent dégagé une dizaine de beaux résineux. Raoul en fit le tour, puis, tendant à Alban la grande cognée, il dit :

– À toi.

Comme son beau-frère hésitait, il ajouta :

– C'est ton campe qu'on va bâtir. Faut que ce soit toi qui abattes le premier arbre. Celui-là, on va l'ébrancher tout de suite, le couper de longueur et le marquer. Il fera la faîtière. Tu le sauras. Quand tu regarderas ton toit, tu t'en souviendras.

Il y avait une grande gravité dans son propos. Le rire les avait quittés pour un moment. Alban posa sa hache à ses pieds, le manche contre sa jambe, et cracha dans ses grosses mains. Ensuite, respirant un bon coup, il se saisit de l'outil, leva haut en arrière et commença de cogner. Dès le deuxième coup, il fit voler une belle éclape rose que Raoul ramassa et flaira longuement, comme pour se saouler de cette odeur.

19

Il fallut dix journées bien pleines pour abattre, ébrancher, scier de longueur les bois et monter la maison. Le dimanche, M. Ouimet et deux bûcherons vinrent prêter la main. Aide efficace : l'ingénieur connaissait les règles de la bonne construction et certaines astuces de montage qui facilitaient la tâche. Les autres avaient pour eux leur vigueur physique ainsi qu'une grande habitude du bois. La complicité avec la matière est essentielle dans ce genre de travail.

La neige avait à peu près disparu. Au creux de certains fossés et sous les grosses racines saillantes, il en restait quelques traces tenaces qui faisaient dire à l'un des bûcherons :

– Elle en attend de l'autre, cette garce-là. Je la vois bien accrochée, moi. Bien partie pour durer.

L'homme qui s'appelait Dollard Pichette venait de Sainte-Agathe-des-Monts. Il devait avoir la quarantaine. Il comparait tout à son village et aux terres qui l'entouraient. Noir de poil, le cuir tanné, il avait une grosse gueule avec, au menton, une fossette profonde qu'il ne parvenait jamais à raser. Sa manière de grogner contre l'approche de l'hiver dissimulait mal une espèce de jubilation. Quelque chose d'enfantin éclairait son œil lorsqu'il parlait de la neige.

Plus jeune de quelques années, son camarade se nommait Luc Chabot. Un gaillard énorme. D'une force de pachyderme qui laissait les autres assez stupéfaits et Stéphane béat d'admiration. Ce colosse tout en rondeurs avait pourtant, dans le regard et dans une certaine façon de se tenir, quelque chose d'attendrissant. Il souriait souvent, mais c'est à peine s'il prononçait un mot de temps à autre d'une petite voix de fille effrayée.

Raoul dit :

— Faut profiter qu'on est nombreux pour mettre la faîtière en place et aussi les pannes.

— Pas besoin de s'y atteler tous, observa l'ingénieur. Tu demandes à Chabot; tu grimpes d'un côté et Alban de l'autre. Le gros va vous lever les pièces et vous aurez juste à guider les extrémités sur les chantignoles.

Tandis que le coureur de bois et son beau-frère montaient sur les pignons, le mastodonte se dirigeait lentement, en se dandinant, vers le tas de billes qui avait déjà sérieusement diminué. À deux, les autres avaient beaucoup peiné pour apporter ces bois. Luc se pencha, passa ses mains toutes rondes sous l'extrémité de la faîtière et se redressa sans effort apparent. Levant la charge à bout de bras, il avança, faisant marcher ses mains au même rythme que ses pieds jusqu'à se trouver à mi-longueur.

Là, il posa le bois sur son épaule, fit lever le bout encore au sol. Le tronc se balança. À petits coups de reins il l'équilibra et démarra d'un pas à peine moins aisé que lorsqu'il se promenait les mains vides. Aussitôt arrivé, il reposa un bout et leva l'autre en direction d'Alban qui le guida vers son emplacement. Les autres s'étaient arrêtés de travailler pour regarder.

– Bon Dieu ! fit Raoul. Je voudrais pas mettre ce gars-là en colère !

– Il en faudrait beaucoup, observa M. Ouimet.

Chabot qui venait de se retourner pour lever l'autre extrémité eut un petit rire d'enfant.

– Si je me foutais en rogne après toi, t'aurais qu'à te sauver. Courir, j'ai jamais pu y arriver.

Après ce dimanche de grosse activité, il fallut encore trois jours pour achever la couverture et mettre en place le plancher fait de pièces équarries à la hache. Ensuite, ils posèrent la porte sur ses énormes paumelles et même une fenêtre avec de vraies vitres. De la bonne menuiserie que M. Ouimet avait fait venir de Cochrane en même temps qu'un lot de matériel destiné à son chantier.

Avant même qu'elle soit en place, Catherine avait commencé de charrier son fourbi.

– Je vais retrouver mon vrai fourneau, dit-elle. Avec mon four. Je m'en vais vous faire de la tourtière pour fêter ça. On invitera M. Ouimet.

– Si t'invites Chabot, fais une tourtière pour lui tout seul.

Ils s'installèrent et le feu se mit à ronfler

dans la fonte. À cause de l'hiver qui commençait à serrer fort le métal craquant des nuits, ils se sentirent tout de suite chez eux.

– On dirait qu'on est là depuis toujours.

Déjà, sous leur grande toile, Catherine était parvenue à entretenir le linge de l'ingénieur et du géomètre. Elle apporta dans la maison toute neuve son baquet et ses deux fers à repasser. Rapidement, la nouvelle se propagea que la femme d'Alban acceptait l'ouvrage. En quelques jours, Catherine eut à laver et raccommoder pour tous les travailleurs du chantier. Chacun venait avec son baluchon. Le fourneau ronflait sans arrêt sous la lessiveuse où l'on entendait l'eau bouillante cascader sur le linge. Un feu d'enfer dévorait autant de bois que pouvaient en fabriquer les deux garçons. En permanence, une kyrielle de chemises, de maillots, de caleçons et de chaussettes suspendus à des fils tendus d'un pignon à l'autre séchaient, emplissant la maison d'un épais brouillard.

– Bon soir, grognait Raoul, c'est plus vivable, cette affaire-là ! C'est pas un magasin général qu'il faut ouvrir, c'est une laverie.

– N'empêche que c'est d'un bon rapport, fit Catherine. J'y pense de plus en plus.

– La matière première coûte pas cher. La rivière en donnera toujours plus qu'il t'en faut.

– Puis cet été, ça séchera dehors.

– Faudrait être installé mieux que ça.

– Si j'avais deux grands baquets...

Ils en parlèrent sérieusement, plusieurs soirs, en échafaudant de grands projets qui débouchaient sur la fabuleuse laverie usine de toute une ville.

Comme M. Ouimet annonçait l'arrivée de nouvelles équipes, ils décidèrent de monter près de leur campe une autre bâtisse où Catherine pourrait travailler plus à l'aise. La nuit, le linge sécherait sans gêner personne.

On commanda à Cochrane une grande lessiveuse, deux baquets ainsi qu'un foyer en fonte à trois pieds qui figurait sur un catalogue.

Et ils recommencèrent de construire. Dans de mauvaises conditions, cette fois, car la neige s'était mise à tomber, saboulée sans relâche par un vent d'ouest glacial et rageur. Ils étaient souvent contraints de s'interrompre pour venir se chauffer. Le géomètre leur avait offert une grosse boîte à thé carrée, toute décorée d'or et de carmin. Elle contenait un mélange savant où M. Lavállée prétendait avoir mis exactement ce qu'il fallait pour combattre les refroidissements. Catherine tenait en permanence sur le coin de son poêle un coquemar d'eau bouillante. Un autre était sur la table à côté de la belle boîte de thé et d'un pot de sirop d'érable. Dès que les hommes entraient, secouant leurs vêtements et tapant leurs bottes derrière la porte où était déroulée une vieille sache, elle versait de l'eau sur l'herbe noire et odorante. Chacun mettait ce qu'il voulait de sirop dans son bol. Raoul ajoutait parfois une larme de gin et l'atmosphère de la pièce se colorait aussitôt. Tout devenait plus clair et plus gai. Louise et Georges s'occupaient du bois. Emmitouflés, ils sortaient trois ou quatre fois le jour avec une grande corbeille qu'ils allaient emplir à la pile montée contre la façade de la maison. Ils la rentraient à deux, peinant et riant. Déjà ils parlaient de ce qu'ils feraient quand la laverie fonctionnerait.

La grande fierté des hommes, c'était que leur campe fût parfaitement orienté. Le vent dominant rabotait la neige devant la porte, la poussant vers le pignon où se dessinait une splendide congère en forme de serpe allongée, au tranchant net comme une porcelaine. C'est dans son prolongement qu'ils montaient leur annexe, prenant soin d'aligner la façade sur celle du premier bâtiment de manière que la congère fût poussée plus loin.

– La paresse, disait Raoul, ça donne du génie. J'ai jamais vu un village indien où on soit obligé de balayer un pouce de neige. Si tu sais placer ta maison, c'est le vent qui bosse pour toi.

Ce qu'ils avaient commandé à Cochrane arriva en même temps que le matériel destiné à terminer les baraques montées pour accueillir les nouvelles équipes. Tout venait par la tranchée ouverte dans la forêt. Les rails n'étant pas encore en place, on effectuait le transport sur d'énormes traîneaux que tiraient des bœufs attelés par paires. C'était le meilleur temps pour amener le matériel car le gel avait durci les terres et recouvert sources et marécages dans les lieux où l'on n'avait pas encore fini le ballastage. Seulement, la tranchée en forêt n'atteignait pas l'Harricana et les derniers milles devaient être effectués en portage. Les bûcherons allaient en file, ployant sous les charges, glissant sur les racines que la poudreuse recouvrait. Le gros Chabot et deux ou trois gaillards d'importance s'en donnaient à cœur joie. Raoul et Alban étaient allés prendre livraison de leur commande. Le bouvier de Cochrane, debout sur son traîneau, approchait le matériel que les hommes, un à un, chargeaient sur leur dos. Lorsqu'il arriva au poêle à lessive, il eut peine à le déplacer, laissant un des pieds traîner sur le sol.

– Qui c'est qui prend cette cochonnerie de laundry stove ? grogna-t-il avec un lourd accent.

Alban levait d'un côté pour aider Raoul à se glisser entre les pattes de fonte lorsque Luc Chabot intervint :

– Laisse-moi ça !

Son long bras ceintura la masse de métal. Sa moufle se ferma sur l'un des pieds tandis que, ouvrant l'autre bras, il lançait au bouvier :

– Avance cette caisse.

La caisse était pleine de savon et de cristaux de soude.

Le gros s'engagea dans la sente, énorme animal tout en largeur, se dandinant sous le bât.

– L'est solide, fit calmement l'homme de Cochrane, mais l'ira pas au bout.

– Pauvre vieux, ricana un bûcheron, tu pourrais encore lui grimper sur le dos qu'y s'en apercevrait même pas. Pour sortir du bois, je le préférerais à tes bœufs. L'est peut-être pas plus malin, mais sûrement plus fort.

Il y eut des rires. En dépit du froid et de la sente glissante, ces hommes travaillaient généralement dans la bonne humeur. Ils

allaient leur train sans jamais forcer l'allure.
Ils ne traînaient pas non plus. La température
interdisait la paresse.

La première des baraques installées pour
les nouveaux venus était la cookerie où régnait
un garçon court sur pattes et grassouillet. Sa
face de pleine lune où disparaissaient de tout
petits yeux bruns luisait tellement qu'on eût
dit qu'il se débarbouillait à l'huile de friture.
Il se montrait fier d'avoir appris son métier
avec un chef italien.

– Tonio Marietti, vous connaissez pas ?

Il avait plein la bouche de ce nom.

– Connaissez pas Marietti ? s'étonnait-il.
Célèbre dans le monde entier. C'est le plus
grand restaurant de New York.

Les bûcherons riaient de lui mais appré-
ciaient beaucoup sa cuisine où les nouilles
tenaient une grande place. Il se nommait
Robert Clarmont. Il avait essayé de se faire
appeler Bob, mais les ouvriers l'avaient baptisé
Graillon. Chabot s'amusait à l'empoigner par
un bras et par le fond de son gros pantalon
de velours jaunâtre, il le levait au-dessus de
sa tête en disant :

– Si j'ai pas la double, je te fous à l'eau à
travers la glace ! Ta tête fera le trou !

Il y avait toujours largement double ration
pour ces hommes qui peinaient de l'aube au
crépuscule dans la neige et le froid.

Raoul s'était mis à trapper. Le gibier que
Catherine ne pouvait utiliser, Graillon l'ache-
tait. Il payait en farine, en fèves, en huile, en
sucre ou même avec une bonne gamelle de
ragoût.

Lorsque Catherine faisait fondre du lard et donnait aux enfants les cretons bien dorés et croustillants, Alban disait que la maison empestait le graillon. La petite Louise courait passer son nez par l'entrebâillement de la porte sur laquelle le cuisinier avait écrit au goudron : « Cookerie, accès interdit ». L'enfant criait :

– On t'a mangé à midi, gros creton graillon !

La face huileuse et ronde s'éclairait d'un grand rire.

– T'as bien encore un peu de place pour des pancakes, petite puce !

Sur un couvercle de casserole, il déposait une douzaine de crêpes épaisses comme sa main potelée et l'enfant s'en allait, courant dans le vent glacé avec son trésor fumant.

Catherine entretenait gratuitement le linge du gâte-sauce et observait :

– Il a toujours l'air plus sale que les autres, ben moi je peux vous dire que c'est son fourbi qui sent le moins mauvais.

– S'il est plus propre, disait Alban, c'est qu'il travaille moins. Tu vois bien le résultat : toute la sueur lui reste à l'intérieur, c'est pour ça qu'il est comme un ballon.

Les enfants défendaient ce garçon jovial toujours prêt à satisfaire leur gourmandise.

Dès que le bâtiment de buanderie fut terminé, Alban s'embaucha pour travailler à l'abattage. Comme il voulait demander également une place pour Stéphane, Raoul se récria :

– Le Steph, c'est moi qui l'emploie. Vous avez plus besoin de nous, on va s'en aller à la trappe un peu plus loin. Ici, le gibier est déjà effrayé.

Timidement, Alban dit :

– Moi, je le trouve bien jeune pour ça.

– T'inquiète pas, avec moi, y risque rien.

Catherine venait de se lever pour fourgonner le feu. Sans se retourner, elle lança :

– Tu le payeras comment ?

– Sera payé comme moi, dans l'été, quand on vendra les peaux.

Catherine acheva posément de charger son poêle, referma la grille puis se tourna vers les autres encore attablés devant les reliefs du souper. La suspension ne l'éclairait que jusqu'au milieu de la poitrine. Dans la pénombre, son regard brillait, accrochant un reflet. Fixant son frère, d'une voix ferme, elle dit :

– Toi, tu fais ce que tu veux. Mes petits, y font ce que je décide.

– Mais m'man...

Stéphane ne put en dire davantage. L'œil soudain très dur, la voix acérée comme une lame de nordet, sa mère l'interrompit :

– T'as pas l'âge de prendre la parole !

Le garçon plongea le nez vers son assiette vide.

À pas mesurés, souple d'allure comme un grand fauve, Catherine contourna la table pour venir se planter entre son frère et son fils. Ignorant complètement Stéphane, elle dominait Raoul qui, tourné de biais, levait la tête pour la regarder. La jeune femme tenait toujours son pique-feu, beau tisonnier aplati et tordu vers le bout, que lui avait forgé un contremaître de la voie. Elle leva la main lentement, sans qu'il y eût la moindre trace d'emportement dans son geste. Son visage s'était fermé, mais rien ne trahissait une véritable colère. Simplement, ses lèvres restaient pincées sur les mots pour leur donner davantage de tranchant.

— Toi, grand maroufle, fit-elle, t'as assez fait de misère à notre mère. Que tu aies le feu au cul, c'est ton affaire. J'veux pas que mon gars devienne un rouleux de chemins. Pas envie qu'y finisse dans la peau d'un quêteux ! Y travaillera comme nous autres. Quand il aura sa majorité, ma foi...

Un soupir et un mouvement du corps exprimaient une certaine résignation qui lui allait assez mal. Raoul essaya de sourire. Voyant qu'il allait parler, Catherine parut se ressaisir. Plus haut, elle reprit :

— Je rigole pas, tu sais. T'es le plus fort, mais si tu me dévergondes mes garçons, aussi vrai que je suis ta sœur, je te corrigerai. Même si je dois t'avoir quand tu dormiras, je t'aurai.

Elle baissa le bras, alla accrocher son pique-feu à la barre du fourneau où il se balança quelques instants, heurtant la porte du foyer. Catherine étant revenue s'asseoir, ce bruit de métal fut seul à troubler le silence. Lorsqu'il cessa, on n'entendit plus que le grognement du feu qui soufflait son haleine jusque dans les jambes immobiles sous la table.

Catherine s'était accoudée. Sans doute pour qu'on ne vît pas que ses mains tremblaient, elle croisa les bras.

Le vent furetait. Il devait s'acharner à chercher une fente, mais tous les interstices avaient été soigneusement bourrés de mousse mêlée de glaise. Le petit Georges toujours minutieux veillait, rebouchant les fentes dès que se faisait sentir le moindre filet d'air.

Alban se racla la gorge. Regardant son fils d'un œil attendri, timidement, il dit :

– C'est vrai, mon Steph, t'es bien jeunot...

Comme il hésitait sur un mot, d'une voix qui n'avait pas tout à fait retrouvé son calme, Catherine trancha :

– On en cause plus. On parle d'autre chose. Ou on va se coucher. Ça économise de l'huile et de la salive !

20

Dur et raboteux, l'hiver s'était établi sur le pays. Courant comme un fou, il était là pourtant, en permanence. La neige tombait des journées et des nuits entières, presque toujours charriée par un ciel en furie. La couche n'était pourtant pas encore assez épaisse pour entraver vraiment la marche des travaux.

À six heures, Graillon sortait sur le seuil de sa cuisine. Tenant d'une main la ficelle où était suspendu un gros gong de métal, il battait le réveil avec son ringard. Les baraquements s'éclairaient, les hommes bondissaient dans leurs vêtements étendus autour des poêles où ils avaient séché toute la nuit. L'obscurité était encore épaisse lorsqu'ils gagnaient la longue salle où le déjeuner les attendait. Alban et Stéphane sortaient de chez eux en même temps que Catherine qui gagnait sa buanderie.

Sur les tables de la cantine, des piles de grosses crêpes tièdes attendaient avec de grands plats de fèves au lard, des brocs de thé fumant. Les hommes s'installaient sur les bancs, emplissaient leurs assiettes en fer de fèves grasses et arrosaient leurs pancakes de marmelade ou de sirop.

Il faisait encore noir lorsque les ouvriers prenaient le chemin du chantier.

Le vent s'engouffrait avec toute sa longue force de coureur par la sente et le couloir ouverts dans la forêt.

Les hommes abattaient, ébranchaient, débitaient. Ils brûlaient sur place ce qui ne pouvait être utilisé pour la ligne, sciant et équarrissant les traverses qu'ils empilaient de loin en loin en les croisant pour laisser circuler l'air.

Vers midi, Graillon et son aide arrivaient avec une traîne chargée de grands bidons de thé brûlant qu'ils posaient à côté des feux. Les hommes s'approchaient. Les cuisiniers leur versaient des gamelles de thé. Puis ils ouvraient une caisse de bois à double épaisseur d'où ils tiraient le pain, le lard et des biscuits. Les bûcherons prenaient leur gamelle sur le bout d'un billot et mangeaient debout, en piétinant. Comme ils étaient payés aux pièces, ils ne s'arrêtaient guère qu'une quinzaine de minutes, puis reprenaient leur tâche par équipes de deux qui s'étaient choisis, poussant leur journée jusqu'à la nuit tombée.

Alban avait la chance de travailler avec Luc Chabot qui l'avait pris par amitié et sans doute dans un souci d'aider ces gens dont l'aventure l'avait ému. Ce taciturne disait parfois :

– T'es moins fort que moi, seulement comme t'es tout malin, comme tu connais bien le bois et l'outillage, je suis quand même gagnant.

Alban, qui avait une grande amitié pour les

outils, rapportait chaque soir à la maison les cognées et les scies qu'il affûtait longuement, aidé par Georges que ces tâches passionnaient.

M. Ouimet avait embauché Stéphane en qualité d'assistant géomètre. C'était une manière de lui épargner les travaux les plus pénibles. Laissant les autres gagner leur chantier, le garçon s'en allait donc avec Hector Lavallée. Il portait le matériel de visée, débroussaillait, abattait si c'était nécessaire et se faisait donner des explications sur les relevés.

Les premiers jours, il avait quelque peu traîné la grolle, mais le géomètre, averti de ce qui s'était passé, avait su le prendre.

— La forêt, peut-être que je peux te l'enseigner un petit peu aussi. Je crois même pouvoir t'apprendre des choses que ton oncle ne connaît pas. Quand tu partiras avec lui, tu vas lui en mettre plein la vue ! Ce que je vais te faire entrer dans la tête, ce sera bien à toi. Personne viendra te le prendre.

Quand le temps le permettait, Lavallée et son assistant s'en allaient poursuivre leurs relevés. Lorsqu'il neigeait trop dru ou que la poudrerie se levait, Hector demeurait au bureau de M. Ouimet. Dans le baraquement réservé au matériel, Stéphane taillait des jalons qu'il peignait en rouge, laissait sécher puis paquetait par douzaines avec du fil de fer. Certains jours, il restait avec ses chefs. Sur l'extrémité de la table, il recopiait des chiffres ou décalquait des plans sommaires. Il régnait dans le baraquement une bonne atmosphère de travail calme et d'amitié. La bouilloire chantait sur le poêle, le thé était toujours chaud, l'éternel mégot d'Hector Lavallée mêlait sa fumée âcre à celle plus suave de la grosse pipe d'écume de l'ingénieur.

Stéphane commençait à s'intéresser vraiment à son travail lorsque arriva une troisième équipe. À présent, la forêt ouverte jusqu'à l'Harricana permettait d'acheminer le matériel par charroi à pied d'œuvre. Les nouveaux venus étaient une vingtaine. Ils allaient abattre des résineux et monter des baraquements avant que ne débutent les travaux de construction du pont. Pour l'heure, la rivière gelée permettait de passer aisément d'une rive à l'autre.

Avec ces ouvriers, arriva une équipe de techniciens. Un ingénieur en chef s'étonna qu'on eût embauché comme jalonneur un garçon sans formation et qui ne parlait pas l'anglais. Les hommes appelaient le major, ce nommé William Brooks, long énergumène tout en os, en poils rouges, gesticulant comme un possédé et criant d'une voix aigre. Lorsqu'il ne rongeait pas des biscuits de mer tirés de sa poche droite, il plongeait sa main dans la gauche pour y puiser du tabac qu'il enfournait d'un coup de paume assez étonnant entre ses larges incisives qui semblaient passées au cirage. Par-dessous sa grosse veste de cuir fourrée, il portait suspendus à une chaîne passée autour de son cou une grosse loupe sertie d'argent, une boussole et un baromètre. Une impressionnante batterie de crayons de couleur dépassait de la poche de sa chemise. Il se fit dresser un lit de camp dans le bureau. Si une idée lui venait durant une insomnie ou s'il lui prenait lubie de vérifier un chiffre, il se levait au milieu de la nuit et s'en allait cogner à la porte de M. Ouimet et du géomètre qui devaient s'habiller en hâte et le rejoindre. Une des seules phrases de français qu'il connaissait était : « Je donne un ordre. On me dit : Impossible. Moi je dis : Allez chercher du travail ailleurs ! » Il lançait ça et partait d'un mauvais rire qui donnait le frisson.

Le premier soir du règne de cet homme, Stéphane rentra le regard sombre, et alla s'asseoir au coin du feu, hors du cercle de lumière. Catherine ne s'y trompa pas. La venue du major avait déjà été commentée par des ouvriers à la buanderie.

– Y t'a foutu dehors ?

Le garçon hocha la tête et s'empressa de dire :

– J'ai rien fait de mal. Je parle pas l'anglais.

– Maudits chiens de l'Ouest, grogna la mère, y voudraient nous voir crever. Ou ramper devant eux en baragouinant leur jargon.

– Si on est commandés par ça..., soupira Alban.

– En tout cas, il ira se faire laver son linge par les Anglaises, ricana Catherine.

– Tu crains rien, précisa Stéphane. Y va rester juste quelques jours, mais m'sieur Ouimet pourra pas me reprendre. Le rouquin a amené des aides-géomètres.

Ils se regardèrent un moment. Stéphane ne parlait pas de Raoul, mais le grand trappeur parti pour une de ses courses qui pouvaient durer quatre ou cinq jours était présent tout de même. En trois dimanches, avec l'aide d'Alban, de Stéphane et du gros Luc, il s'était bâti, tout contre la forêt, un petit campe de bois rond. Il y couchait lorsqu'il revenait, laissant la porte grande ouverte en raison de la puanteur exhalée par tout ce qu'il y entassait de peaux, de viandes et de poissons fumés. Ses séjours se passaient en travaux de tannage sommaire, de salaison et de fumerie. Avant même que n'arrive la saison d'aller livrer ses peaux, il gagnait bien sa vie en vendant à l'intendance du camp son gibier et le poisson qu'il allait pêcher dans les lacs où il creusait des trous dans la glace. Alban lui répétait souvent que sa vie était plus pénible que celle des gens attelés à bûcher le bois. Raoul le savait, mais il répondait que la liberté vaut de l'or.

Stéphane devait penser à cette vie. Il soupira pourtant :

— M. Ouimet dit que je peux m'engager aux travaux.

— Sûr que Chabot accepterait de te prendre avec nous, fit Alban. Seulement, j'aimerais mieux qu'on lui demande pas. Pour sortir ta journée, mon pauvre gars, tu te crèverais la peau.

Le père était accoudé à la table. Son front dénudé luisait sous la lampe. Ses mains crevassées étaient posées sur la tranche, les doigts repliés, pareilles à deux bêtes épuisées. Catherine vint s'asseoir en face de lui. Les deux plus jeunes jouaient dans un angle avec une caisse à couvercle que Chabot leur avait apportée et des bûches taillées par leur père en forme de bonshommes. Catherine se tourna vers le poêle.

– Allons, Steph, viens là, dit-elle. Faut qu'on regarde ça calmement.

À regret, le garçon quitta le coin du feu que l'abat-jour tenait dans la pénombre. La soupe cuisait, soulevant de temps en temps le couvercle du fait-tout pour lâcher un hoquet de vapeur. Il vint enjamber le banc et prendre place à côté de son père. S'accoudant à son tour, il posa lui aussi ses mains sur la table. Elles étaient plus pâles et plus maigres que celles du père avec des veines moins saillantes. La tranche de l'index et du pouce ne portait pas des striures noires aussi serrées. Ils furent un long moment silencieux. Les petits jouaient sans trop de bruit, dans leur recoin. Louise expliquait à son frère :

– On serait dans un bateau avec nos petits. Y aurait de la tempête. Toi tu te lèverais pour fermer la fenêtre.

– Pour quoi faire ?

– À cause de l'eau sur les petits.

Catherine laissa passer un long moment avant de dire en soupirant :

– Cette fois, si tu veux trapper avec ton oncle, je peux pas t'empêcher.

Le regard de Stéphane s'éclaira. Son dos se redressait déjà lorsque sa mère poursuivit :

– Pourtant je crois qu'il y a mieux. C'est pas de ce soir que j'y pense. C'est depuis que tant de monde est arrivé.

Elle marqua une hésitation, les observant comme si elle eût redouté de parler. D'une voix moins assurée, elle reprit :

– Comprenez-moi bien, je veux pas faire des comparaisons, hein ? Je dis les choses telles qu'elles sont. À laver du linge, voilà quelque temps, je gagne plus que vous deux.

Comme Alban manifestait l'intention d'intervenir, elle s'empressa de lever la main.

— Non, non, fit-elle. Laisse-moi finir. C'est pas votre faute. Je le sais bien. Vous vous crevez dans la froidure, d'avant le jour jusqu'à noirceur, et moi, je suis au chaud dans ma buanderie ou bien ici à ravauder. Seulement, je peux pas en faire plus.

— On te le demande pas, dit Alban.

— Je le sais bien, fit-elle en riant. Mais moi, ça m'enrage de refuser des sous... Avec le contingent de bonshommes qui vient de s'amener, je vais laisser de l'ouvrage... C'est bête.

— Sûr que c'est bête, soupira Alban.

— Surtout si un gamin va se crever aux traverses pour gagner deux fois moins. Ce qui me tue, moi, ce qui me dévore mon temps, c'est charrier le bois. Des fois, faut le recouper. Faut amener l'eau, pomper. Faut étendre, ramasser. Enfin tout, quoi ! Georges fait ce qu'il peut, mais y manque de force.

Elle les regarda encore avant de dire :

— Le Steph serait là...

Comme piqué d'orties, le garçon se redressa soudain. D'une voix acide, il lança :

— J'suis pas une fille, moi !

Avec un ricanement, la mère se récria :

— Ben mon vieux, si c'est de l'ouvrage de fille, tout ce que je viens de dire... J'ai pas parlé de te faire laver !

— Tu sais, Steph, fit Alban, ta mère a raison. L'important, c'est de gagner. Notre magasin, on le partira pas si on est sans le sou.

Le regard sévère, Stéphane se tourna vers son père pour lancer :

— Tu peux y venir, toi, à la laverie. Moi j'irai aux traverses avec Luc.

La tête d'Alban alla de droite à gauche plusieurs fois tandis qu'il soupirait :

— Mon pauvre petit, tu tiendrais pas trois jours.

— C'est à voir. Et puis, la trappe, ça peut rapporter gros.

Le père allait répliquer, mais Catherine lui posa la main sur le poignet. Son regard s'était durci. Il avait pris sa couleur de métal. Un sourire plein d'ironie sur ses lèvres minces, elle dit durement :

— Laisse faire. Il ira avec Raoul. Nous deux, on s'échinera ici. Le magasin, t'inquiète pas, on le montera. À force de se tuer, on y arrivera. Quand ça marchera, quand y aura plus qu'à ramasser la galette sans se fatiguer, tu les verras se ramener tous les deux. Nous autres, on se sera tellement usé la santé qu'on sera bons pour le cimetière... Faudra bien ouvrir un cimetière, si une ville se construit ici. Ben on sera peut-être les premiers clients. Ces deux coureux de chemins qui auront roulé leur bosse s'en viendront faire marcher le magasin.

Elle se tut le temps d'un profond soupir, puis ajouta :

— Encore bien beau s'ils le vendent pas tout de suite pour reprendre leur foutu poison de course à la sauvagine. On se sera bien ruiné la santé pour rien, mon pauvre Alban !

Stéphane avait baissé la tête. Son corps

s'était tassé peu à peu à mesure que sa mère parlait. Se redressant soudain, il lança à sa mère un regard plein de détresse. Ses paupières battaient et son menton tremblait. Il dut faire un effort considérable pour refouler larmes et sanglots. Poings crispés, il parvint à dire :

— T'es dure, m'man... J'vous ai aidés comme j'ai pu.

Soudain émue, Catherine lui prit les poignets dans ses mains abîmées par tant de lessives. Elle serra fort et s'empressa de dire :

— Non, non, pleure pas, mon Steph. Je suis injuste. T'as fait autant qu'un homme.

— T'as fait plus que moi, dit Alban. J'suis même pas foutu de mener un canot dans un rapide.

— J'voulais pas dire ça, reprit Catherine. Je suis allée plus loin que mon cœur... J'ai tellement peur que tu partes... Qu'il t'arrive malheur.

Deux grosses larmes roulèrent sur les joues du garçon qui se mit à rire nerveusement en bredouillant :

— Je t'aime trop, m'man... Je partirai pas, va ! Je vous aime trop tous les deux. Je ferai ce que vous voudrez... Avec vous.

Catherine alla coucher les plus jeunes qui commençaient à se chamailler, puis elle revint s'asseoir. Et ils se remirent à parler de leurs projets.

— Si ça marche comme je crois, expliqua la mère, faudra agrandir dès qu'y fera moins froid.

Ils envisageaient de monter un séchoir en

prolongement de la buanderie et pensaient déjà aux dimensions et au meilleur moyen de gagner de la place.

— Ce qu'il faudra, dit Stéphane, c'est une évacuation de chaque côté pour la vapeur. Et suivant que le vent vient de là ou de là-bas, tu ouvres où il faut. C'est commode.

La mère les écoutait en souriant. Quand ils se turent, elle demanda :

— Et sur la droite de la maison, y a pas mal de place. On est encore loin d'la rive. Ça pourrait être construit ?

— Bien sûr, fit Alban. Tu veux tout de même pas nous entourer de buanderies ?

— Que non, fit-elle d'un air mystérieux, mais je vais t'avouer quelque chose, Alban.

— Quoi donc ?

— Devine !

— J'sais pas, moi. J'ai pas le goût de jouer.

— T'avais quatre chemises ?

— J'crois bien.

Elle ne put s'empêcher de rire.

— Ben mon pauvre homme, t'en as plus que trois.

Il paraissait ahuri. Son regard allait de sa femme à son fils. Stéphane hésita, puis finit par rire en disant :

— Je suis pas au courant, mais ça doit être pas mal drôle, ce truc-là !

— Alors, explique-toi, s'impatienta Alban. Tu m'en as brûlé une ?

— Non. (Elle rit encore.) Je te l'ai fait manger.

Le garçon se mit à rire et Alban ne put s'empêcher de les imiter. Au bout d'un moment, il dit :

– Je t'ai jamais vue comme ça, Cath. Tu m'as tout l'air de vouloir virer folle.

– Pas du tout. Mais mon vieux, tu pourras dire à tout le monde que ta femme t'a fait manger ta chemise. Ça en fera rigoler plus d'un.

– Écoute, ça commence à bien faire.

Catherine reprit son sérieux pour demander :

– Dollard Pichette, celui qu'était venu nous aider à la toiture, tu vois ?

– Oui.

– L'autre jour, il était trempé. Il a voulu faire sécher sa chemise près d'une fournaise. Il y a foutu l'feu. Même qu'il s'en est fallu de peu que la baraque y passe. Y vient me demander si j'ai pas une chemise à lui vendre. je dis non, je peux vous en donner une. Y dit d'accord et voilà qu'il se ramène avec deux boîtes de corned-beef. C'est ce qu'on a mangé avant-hier.

Ils se mirent tous à rire. Alban dit à sa femme qu'elle avait bien fait de donner une de ses chemises à ce bûcheron, puis, après un moment de réflexion, il demanda :

– Tout de même, je vois pas ce que ça vient faire avec la construction.

– Alors, c'est que tu vois pas plus loin que ton nez. Figure-toi que tous les gars qui sont là, y vont tous un jour ou l'autre avoir besoin de linge. Alors, j'ai déjà fait partir une commande par M. Ouimet. Ça viendra par malle jusqu'à Cochrane. Et là, j'enverrai mon coureux de frère chercher ça.

Elle se tourna vers son garçon pour ajouter avec un grand sourire :

– Et comme y en aura pas mal lourd, j'crois bien que j'demanderai à mon Steph d'aller avec.

– T'es chouette, m'man !

– Maudit ! fit Alban. Si j'te comprends bien, c'est le commencement du magasin, ça !

– Exactement, dit Catherine. Et si ça marche, d'ici une année, tu pourras laisser tomber la voie. On sera pas trop de trois pour s'occuper de notre commerce.

Elle sembla s'enfoncer dans un rêve très lointain. Elle y resta un bon moment avant de revenir sur terre pour ajouter d'une voix encore un peu absente :

– On fera ça. Et comme y paraît qu'au printemps il viendra des ouvriers avec leur famille, peut-être que je pourrai embaucher une femme pour m'aider à lessiver. À Montréal, y a une laveuse, elle a commencé toute seule, à présent, elle a plus de vingt employées à journée longue. Vingt bonnes femmes, tu te rends compte ! J'en demande pas tant !

21

Vint un temps de cristal. Des journées limpides. Des nuits scintillantes et craquantes pareilles à un brasier glacial. Plus le froid augmentait, plus la lumière s'intensifiait. Sur la meule blanche des neiges durcies, le vent aiguisait sans relâche ses lames d'acier couleur de ciel. C'était le terrible nordet qui file plus vite que les autres, harcelé par le froid qu'il a réveillé au passage, très loin, sur les étendues arctiques. Le vent de l'ours et du loup, qui taille les banquises et leur effile les dents. Le vent moissonneur de toundras qui porte dans sa gueule la faux de la mort. Une belle mort rieuse sous des éclaboussures de soleil.

L'hiver abitibien est l'un des plus féroces du monde. L'Hudsonie tout entière lui insuffle sa force sauvage. Il s'acharne sur cette terre où pourtant la vie continue.

Cette année-là, ce fut l'un des hivers les plus terribles. De mémoire d'Algonquin, nul n'avait vu le gel commencer aussi tôt et serrer aussi brutalement ses griffes. À soixante degrés sous zéro, on entendait les arbres éclater dans les nuits comme des coups de fusil. Certains allaient mourir, la plupart renaîtraient au printemps. Sous la neige croûtée, sous le matelas isolant des mousses et des lichens, la vie dormait. Cours d'eau et lacs pris sous plusieurs pieds de glace recelaient dans leurs profondeurs glauques mille et mille espèces. Sous l'immobilité vitrifiée les courants poursuivaient leur cheminement silencieux. Par d'obscures galeries tortueuses, par les couloirs en siphons ou d'étranges labyrinthes, castors et rats musqués parvenaient à ces eaux secrètes où ils menaient leur chasse et leur pêche. Repérant la poche d'air où ils iraient reprendre leur souffle, les hommes emmitouflés, immobiles comme des souches, les guettaient durant des heures pour les tuer d'un coup de hache. Ces mêmes hommes piochaient pour immerger leurs lignes et arracher aux profondeurs tièdes des poissons qui, jetés sur la glace, battaient trois fois de la queue avant d'être empoignés par le gel. Roidis, collés au sol, les ouïes métallisées, le corps pétrifié, leur petit œil rond exprimait leur étonnement d'une mort si lumineuse et qui vous serre d'un coup dans ses mains invisibles.

Sur la neige croûtée, l'orignal et le caribou qui n'avaient pas émigré trottaient à la recherche d'une source où arracher quelques lichens. Si la surface sonore craquait sous un sabot, une patte enfonçait jusqu'à l'épaule. Dans l'effort que déployait la bête affolée pour se tirer de là, une deuxième patte crevait l'écorce blanche qui s'étoilait en craquant comme une coquille d'œuf. Alors les autres

pattes tapaient avec rage. Le corps en déséquilibre se tordait. Le souffle devenait court,
brutal, avec des toux rauques et des plaintes
déchirantes. Très vite les deux autres pattes
s'enfonçaient. Pris au piège le plus traître,
posé sur le ventre, fou d'impuissance, le grand
cervidé grattait du bois de toutes ses forces
sur cette route glissante, sa route depuis des
millénaires, qui venait de le trahir. Des éclats
blancs giclaient autour de lui comme le granit
sous le ciseau du sculpteur. La bête beuglait
sa détresse, bramait sa peur de la mort. L'arbre
sec planté sur son front et qui lui donnait l'air
de porter à longueur d'année l'hiver en triom-
phe sonnait sourd.

Captif de la saison dure, l'animal pouvait
tenir tout le jour. La nuit venue, des larmes
coulaient de ses grands yeux effrayés, tout de
suite transformées en perles dures accrochées
aux poils raides. L'obscurité serrait son étau.
Prisonnière de sa course, la bête étouffait. Sa
propre sueur recouvrait d'un linceul cristallin
sa toison rousse. Il arrivait aussi qu'un lynx
survînt avant la fin. Avant même le crépuscule.
Parfois, le fauve attendait l'ombre pour attaquer et se jeter sur la nuque, derrière les
terribles bois impuissants. La blancheur s'empourprait.

Ce pouvait être aussi une bande de loups
ou de rapaces.

Mille drames par nuit pour ces forêts immenses.

Cabanés en des lieux abrités connus de leurs
sachems, les Indiens profitaient des jours sans
poudrerie pour relever leurs pièges, dépecer

le gibier, traquer l'ours et le renard argenté. Les trappeurs blancs faisaient comme eux, souvent farouches et solitaires. Jurant sans cesse contre cet hiver dont ils étaient amoureux.

Durant parfois trois jours, six jours, neuf jours et autant de nuits, les grandes tempêtes emprisonnaient bêtes et gens. À quelques foulées les uns des autres parfois, ils vivaient leur silence isolés dans une immensité de vacarme, s'ignorant totalement entre eux.

Sur les chantiers forestiers, dans les villages de travailleurs jalonnant les tracés du futur chemin de fer, dans les stations isolées des tronçons déjà en exploitation, nul n'osait mettre le nez dehors. Tout trafic cessait. Pour se rendre d'une cabane à l'autre, en dix pas l'on risquait de se perdre. De tourner en rond jusqu'à l'épuisement. Le vent trop fort emportait les appels, couvrant de sa grande voix les pauvres cris des hommes. Certains mouraient à vingt pas des habitations, aveuglés par la blancheur tourbillonnante.

Des coureurs de bois et même des Indiens isolés mouraient aussi dans le tumulte du ciel descendu sur la terre. Jamais nul ne retrouverait la carcasse de ces gens-là. Le silence de leur fin solitaire n'était qu'une toute petite pause dans le fabuleux concert où les orgues du ciel entraînaient le vaste orchestre de la forêt. Des épinettes, des sapins ou des bouleaux, empoignés par un tourbillon comme un rameau par un remous, s'arrachaient ou se brisaient, montaient en tournoyant pour s'abattre dans le taillis avec des craquements d'os brisés.

Au milieu de cette tornade, les baraques tenaient bon. Un feu d'enfer rougissait les fourneaux. La vie immobile écoutait, retenant son souffle, priant parfois.

De leur lit de branchages, ces paysans devenus bûcherons et poseurs de rails écoutaient pleurer le nordet en rage contre la forêt. Sans doute pensaient-ils que là-bas, sur d'autres terres, c'étaient des labours et des prairies que la neige recouvrait. Des sillons où le blé attendait le printemps.

N'avaient-ils pas la nostalgie des labours, ces hommes plus paysans que forestiers ? S'il leur prenait envie de vaincre le bois, d'abattre et de dessoucher, c'était pour mettre au jour l'humus, le fertiliser au soleil et lui donner la graine des moissons de l'été. Ici, on bûchait pour faire place à la voie. Y aurait-il un jour des terres en culture tout autour des futures stations ? Le gouvernement l'affirmait, la compagnie aussi qui parlait de richesses inouïes. Des gens songeaient déjà à demander des lots.

Il était vrai que sous la mousse dormait une belle terre noire qui faisait envie.

Dans leur demi-sommeil, lorsque le bruit du vent n'était plus pour ces laboureurs que le froissement régulier et doux d'un ruisseau dans les joncs, sans doute leur arrivait-il de voir, à la place des forêts, des champs d'épis dorés offerts à la faux, des étendues si vastes que le regard s'y perdait comme sur un océan.

22

La fièvre de travail, la soif de gagner très vite ce qui permettrait de réaliser leur rêve poussait les Robillard à commencer chaque journée bien avant que ne tinte l'appel du gong. S'éclairant d'une lanterne, Catherine, Alban et Stéphane gagnaient la buanderie où régnait encore une tiédeur tout imprégnée de l'odeur de lessive. Ils allumaient les deux grosses lampes à pétrole suspendues au plafond, puis, selon une règle qui s'était tout de suite établie, Catherine se mettait à rassembler le linge étendu. Stéphane préparait et rentrait du bois tandis que le père, soucieux d'éviter la poussière, tirait délicatement la cendre et rechargeait le foyer où demeuraient toujours assez de braises pour que la flamme renaisse. Très vite elle se mettait à dévorer les pignes d'épinettes et à lécher les premières bûches.

Ces cendres qu'il sortait, Alban les entassait derrière le bâtiment, assez loin pour que le vent n'amène pas jusque-là les braises qui rougeoyaient un moment dans la nuit. Le jour où elle découvrit ce tas bièn fait, Catherine ne put s'empêcher de dire :

– C'est plus fort que toi, faut que tu penses à une terre.

Comme pris en faute, Alban bredouilla :

– On sait pas... de toute façon, on essaiera bien de se faire un jardin... juste pour nous. Georges aimerait ça.

– La charrue te démange autant que la course travaille mon cinglé de frère !

– T'es pas née à la terre, tu peux pas comprendre.

Durant les nuits les plus froides, il arriva que le gel vînt fourrer son nez jusque près du feu. À cause du vent, le poêle garni vers les neuf heures du soir avait fini de dévorer sa ration de rondins avant minuit. Les braises qui restaient ne conservaient pas assez de forces pour lutter. Alors, le linge suspendu aux cordeaux raidissait, l'eau des baquets s'étoilait de fleurs étranges, le sol mouillé devenait glissant. Durant cette période, si Raoul se trouvait au campe, il se chargeait d'entretenir le feu. S'il était absent, c'était Stéphane qui le faisait en utilisant un énorme réveil prêté par Chabot. Comme Alban voulait établir un roulement, le garçon s'y opposa :

– C'est formidable, dit-il. Je suis tout seul debout à pareille heure. Pouvez pas savoir. Ça me donne l'impression d'être le maître du monde.

Ce feu qui se remettait à vivre en plein cœur de la nuit, ce recul du gel, cette porte ouverte un moment sur l'obscurité quand la température et les vents accordaient un répit, donnaient un sentiment de puissance. Ayant pris l'habitude, le garçon n'eut bientôt plus besoin du réveil. Même après les grands froids, il continua de se lever au mitan de la nuit, ce qui permettait de sécher deux fois plus de linge. Stéphane disait à Raoul :

— Je suis comme toi, j'ai bouffé un réveil.

— Un jour, ricanait le coureur de bois, vous aurez des laveries dans tout le Canada. Avec des centaines d'employés et des voitures.

— Je vois pas pourquoi on en aurait pas en Californie, répliquait Catherine, paraît qu'il fait plus chaud qu'ici.

— Oui, mais faut parler anglais, raillait Raoul.

— Tu viendras avec nous, t'auras juste à traduire, ce sera pas trop pénible.

Le coureur de bois était de plus en plus souvent absent. La vie s'installait, bien réglée.

Depuis qu'il ne travaillait plus pour la compagnie, Stéphane n'avait plus droit aux repas. Comme on pouvait toujours redouter qu'il y eût des mouchards parmi les nouveaux venus dont bon nombre étaient des provinces de l'Ouest, avant que ne tinte le réveil, le garçon gagnait le baraquement de cantine où il entrait directement dans la cookerie. Graillon et son aide lui donnaient une corbeille carrée à couvercle abattant où ils avaient préparé du thé, des fèves, des pancakes et de la marmelade. Si les deux cuisiniers avaient du linge à laver ou à repriser, Stéphane le rapportait également. C'était un bon moment d'amitié entre les garçons, avec des plaisanteries sur leur métier et des commentaires sur le temps qu'il faisait. La cuisine sentait bon les crêpes et le lard, il y régnait une chaleur d'enfer devant les deux fourneaux à étage dont les cuivres luisaient.

Après avoir mis la première lessiveuse en route, Catherine et Stéphane regagnaient la maison pour le petit déjeuner. Le gong sonnait. Alban s'éloignait dans le froid, la tête enfouie entre les épaules, sa grosse tuque grise touchant son col relevé, ses outils sous le bras. Le regardant partir, Catherine disait parfois au garçon :

– Vivement qu'il puisse faire autre chose, il se crève.

Tous deux s'en retournaient vers leur buanderie où la besogne les attendait. La mère se mettait au lavage ou au repassage tandis que le fils allait et venait, charriant le bois et l'eau. Lorsque la pompe ne donnait pas assez, il devait casser des blocs de glace qu'on laissait fondre dans des baquets à côté du foyer.

Il y avait entre la mère et le garçon une complicité. Ils s'excitaient l'un l'autre à la besogne, se prenant certaines tâches, se démenant dans cet antre embué. Les clartés conjuguées du foyer, des deux lampes et du petit carreau, souvent recouvert d'une épaisse couche de fleurs et de feuillage transparents gravés par l'hiver, se mêlaient.

Vers les neuf heures, Stéphane allait recharger le feu de la maison et voir si les petits avaient ce qu'il leur fallait pour déjeuner.

Un matin de janvier, bien avant cette heure-là, ils entendirent Louise appeler :

– Maman ! Steph ! Venez ! Venez !

La voix était si chargée d'angoisse que la mère et le fils bondirent dehors sans même prendre le temps de se couvrir. Leurs sabots claquaient sur le sol de métal sonore. C'était un matin calme. Profondément enfoncé dans un gel immobile et silencieux.

L'enfant avait ouvert la porte et se tenait sur le seuil; pieds nus, dans sa longue chemise de nuit en grosse toile blanche. Ses cris semblaient aller jusqu'au fond de la forêt.

— Qu'est-ce qu'il y a ? demanda la mère.

Stéphane fut le premier. Il empoigna sa sœur et la rentra.

— Tu vas te geler !

— Le Georges… regardez… regardez…

La petite qui tremblait de la tête aux pieds désignait la couchette qu'elle venait de quitter. Son frère y demeurait immobile, le visage cramoisi et ruisselant, les yeux immenses fixant on ne savait quoi vers le plafond de planches.

Catherine s'agenouilla sur les branchages qui craquaient.

— Georges, mon petit, qu'est-ce qu'il y a ?

Le gamin émit une espèce de râle rauque. Son regard demeurait fixe. La mère toucha son front et se releva.

— Seigneur ! Il est très mal.

On cognait à la porte.

— Entrez ! cria Stéphane.

M. Ouimet était là. Derrière lui se tenaient le cuisinier et le géomètre.

— On a entendu crier.

— Venez, fit Catherine. Regardez. Regardez mon petit.

L'ingénieur s'agenouilla à son tour en grognant :

– Mon Dieu, quand donc est-ce qu'il arrivera des lits ?

Il prit le poignet du garçon puis, écartant la peau d'ours et la couverture, il colla son oreille à la poitrine. Un silence se fit, tendu, presque sans souffle. Seules remuaient les paupières lourdes de l'ingénieur qui battirent plusieurs fois. Se redressant lentement, il recouvrit l'enfant toujours prostré et dit :

– Faudrait un docteur. Il est très pris de la poitrine... Il a une grosse fièvre.

– Un docteur, fit Catherine, où donc ?

– Cochrane, c'est le plus près.

Il hésita avant de dire :

– Je vais envoyer quelqu'un, mais le temps ne me plaît pas. Il se mettrait à neiger avant midi que ça ne m'étonnerait guère.

– Seigneur ! si mon frère était là !

– Il est là, dit le cook. J'ai vu de la lumière.

– Dieu soit loué, fit Catherine. Il ira, lui. Il ira très vite.

Il y avait de la fierté dans sa voix. Une lueur d'espoir revenait sur son visage. Le cuisinier sortait déjà en disant :

– Je vais l'appeler.

On l'entendit parler dehors à des bûcherons que les cris de la petite Louise avaient inquiétés. L'ingénieur se tourna vers le géomètre.

– Va me chercher la pharmacie, demanda-t-il. En passant, tu dis qu'on aille appeler Robillard. Il est aux traverses, il a pas pu entendre sa gosse.

Le grand coureur de bois arriva presque tout de suite. Il dit :

– J'suis rentré à la nuit.

Puis, s'étant à son tour approché de l'enfant et l'ayant écouté respirer, il ajouta :

– Congestion. Faut pas rigoler. T'as de la moutarde ?

Catherine fit non de la tête mais M. Ouimet dit :

– J'en ai. La pharmacie arrive.

– Faut faire des enveloppements très chauds.

– Faudrait un docteur, fit Catherine, si tu...

Son frère l'interrompit :

– J'y vais tout de suite. Mais faut pas attendre pour agir. J'en ai pour trois jours par temps pas trop mauvais. Pour revenir, si c'est un homme qui a un bon cheval ou des chiens, y peut être là en un jour ou deux. Si c'est à pied, j'peux rien assurer.

– Je vais demander un volontaire pour aller avec toi, dit M. Ouimet.

Hector Lavallée qui entrait à ce moment-là avec une petite caisse blanche où était peinte une croix rouge dit :

– Des hommes, y en a déjà au moins six qui se sont offerts.

– J'en veux pas, lança Raoul. Ça me retarderait.

Il sortit sans se soucier de l'ingénieur qui soupira :

– Ma foi, s'il préfère... Allez, Catherine, faut pas vous inquiéter. Donnez-moi une casserole pas trop grande, avec de l'eau bien chaude. Et cherchez-moi des linges qui ne risquent rien.

Il avait sorti de sa caisse une poche de

papier brun. Il fit couler la farine de moutarde dans l'eau chaude en remuant avec une spatule de cuisine. L'odeur qui tirait les larmes emplit la pièce. Elle était si forte qu'à elle seule elle suffisait déjà à donner confiance. Il semblait qu'un cataplasme qui dégageait pareil fumet devait avoir raison aisément de tous les miasmes de la création.

Catherine et M. Ouimet achevaient d'envelopper l'enfant gémissant lorsque le père entra. Il était accompagné d'un petit homme trapu dont le nez rouge et deux yeux gris minuscules étaient tout ce que laissait apparaître une barbe noire et frisée. Alban regarda son fils, l'air un peu gauche, comme embarrassé de ses grosses mains, puis, montrant le barbu, il dit :

— Il a un remède.

L'homme s'avança, intimidé. Hésitant, il les regarda tous, se pencha un peu vers le petit malade et tira de sa poche un flacon qui disparaissait presque entièrement dans son énorme poigne couturée de noir et de violet.

— Voilà, fit-il. Une potion. C'est ma femme qui l'a préparée. Sa mère est calabraise. C'est la potion aux quarante plantes. Faudrait lui faire prendre au moins six cuillerées par jour. Espacées. Et la nuit aussi.

— Mais vous n'en aurez plus, dit Catherine.

La barbe noire s'ouvrit sur des dents blanches.

— Moi, j'ai pas besoin. Tu peux tout donner au petit. Et que Dieu t'aide.

Catherine et Alban remercièrent. L'homme se retira en hochant la tête et referma la porte derrière lui avec précaution. Dès qu'il fut sorti, M. Ouimet déboucha le flacon et respira.

— Ça sent bon. Ça ne peut que le dégager. Mais j'ai aussi du sirop. On alternera.

Ils eurent grand-peine à desserrer les dents de l'enfant toujours hagard. Dès qu'il eut avalé, ils le recouchèrent dans son enveloppement sinapisé qui devait lui brûler le dos et la poitrine. Catherine se tourna vers Stéphane et dit :

— Tu devrais aller à la buanderie, si le feu tombe, ça nous avancera pas.

Le garçon sortit et M. Ouimet dit à Catherine :

— La petite, vous allez l'habiller bien chaud. Je vais l'emporter chez nous. Je pense pas que ce soit contagieux, mais on sait jamais... Votre malade sera plus tranquille.

Catherine habilla l'enfant qui parut heureuse de s'en aller avec l'ingénieur.

— Je reviendrai vers midi, promit M. Ouimet.

— Je vais manger chez toi ? demanda Louise.

— Mais oui, avec Hector, on ira chercher à la cookerie.

L'ingénieur dit à Alban qu'il pouvait rester près du malade et il sortit en emportant Louise qui le serrait par le cou.

Dès qu'ils furent seuls avec le petit Georges, sans s'être consultés, Catherine et son homme s'agenouillèrent sur le plancher et se mirent à prier.

23

Raoul reprit son sac encore bouclé sur son rechange et sa petite tente. Il y fourra rapidement quelques pastilles d'alcool, une poche de sucre, trois poissons fumés, des tranches de viande séchée et une bouteille de caribou. Par-dessus, il attacha ses raquettes. Son fusil à l'épaule, il partit de son long pas souple et régulier, s'engageant dans l'interminable plaie ouverte au cœur de la forêt.

La neige durcie par le passage des hommes et des bœufs portait bien. Le vent balayait sans cesse cette piste et la tenait propre comme un couloir de couvent. La glace soudait entre elles les pièces de bois des ponts de rondins jetés sur les ruisseaux. L'ensemble sonnait sous les semelles comme une voûte bien sèche.

Raoul marcha trois bonnes heures avant de s'arrêter juste le temps de tirer de son sac une tranche de viande. La glissant sous sa pelisse, il la passa dans sa ceinture. Elle lui glaça le ventre un moment avant de se réchauffer lentement. Sans ralentir sa marche, il la sortit de sa cache tiède et la mangea. Il déchirait de toutes petites bouchées qu'il mâchait longuement.

Lorsqu'il eut terminé, il quitta la piste pour s'engager sous bois. Il alluma un feu d'épinette, juste de quoi faire fondre ce qu'il fallait de neige pour le quart d'une gamelle de thé très fort et bien sucré. Tandis que son breuvage infusait, il se mit à piétiner autour du feu pour éviter l'engourdissement. Il avait forcé l'allure. La sueur ruisselait à ses tempes. Son dos et sa toque de loup étaient couverts d'une épaisse couche de givre qui s'effritait à la chaleur du feu.

Travaillant ici durant l'été et l'automne, les bûcherons avaient tenté où se trouvait leur chantier. On devinait encore l'emplacement des camps. Quelques cabanes avaient pourtant été montées que Raoul connaissait. Il en avait laissé deux sur sa droite au milieu de la matinée. La prochaine se trouvait trop loin pour qu'il eût la moindre chance de l'atteindre avant la nuit.

Il allait, le cou tendu, les épaules tirées en arrière par les courroies du sac, le buste à peine incliné, pour établir un parfait équilibre. Ses longues jambes étaient une mécanique impeccablement huilée, rodée à la course, capable de tenir des journées et des nuits au même rythme.

Le ciel seul pouvait lui imposer un retard. Il l'observait souvent, comme s'il l'eût surveillé avec l'intention de mettre obstacle à ce qu'il préparait. Voyant avancer les nuages porteurs de neige, il grognait :

– Ça tardera pas. Foutue saloperie ! Maudit chien de pays.

Il allait quelques foulées, allongeant du plus qu'il pouvait. La solitude donne l'habitude du monologue qui tient compagnie. Mais là, il ménageait son souffle, bougonnant seulement de loin en loin.

Son regard luisait d'une espèce de joie farouche. Sa passion de l'hiver brûlait au fond de ses yeux, attisée par l'approche de la tempête.

— Tu peux te préparer, tu m'auras pas. J'irai au bout et je ramènerai ce docteur. À coups de pied au cul s'il le faut. Sur le chantier, je vois pas un mec capable de faire ce chemin à cette cadence. Je suis prêt à parier.

La tranchée en forêt était rectiligne sur des milles et des milles. Fixant l'extrémité de cette voie bordée de bouleaux et d'épinettes, Raoul voyait parfois danser une buée bleutée où voltigeaient des mouches noires. C'était le signe de la fatigue. Son sang battait fort à ses tempes. Il ralentissait, s'obligeant à respirer plus calmement, jusqu'à retrouver une vision tout à fait nette.

Il progressa ainsi jusqu'aux dernières lueurs. Le ciel menaçait de plus en plus, mais c'est seulement lorsque le crépuscule eut commencé de poudrer les lointains que les premiers flocons se décidèrent à tomber. Ils piquaient la peau, obligeaient à cligner les paupières et à remonter les épaules. Soudain, Raoul s'arrêta. La respiration un instant bloquée, l'oreille tendue, telle une bête flairant un vent suspect. Il se remit à humer, à petits coups, tournant lentement la tête. Son visage se détendit. Un sourire vint. Il murmura :

— Le bon Dieu est avec nous.

S'écartant du chemin, il s'enfonça sous bois, contourna des fourrés épais, s'arrêta encore pour flairer puis repartit et déboucha bientôt sur une clairière. Au bord d'un ruisseau gelé, un petit foyer brûlait. À quelques pas, des peaux toutes fraîches tendues entre des piquets. Un peu en retrait, à peine éclairée par les lueurs dansantes, une tente indienne était dressée. À la forme et aux signes peints sur le cuir, Raoul reconnut l'abri des Algonquins. Dans leur langue, il appela :

– Amis ! Amis !

La portière s'écarta. Un homme parut. Raoul s'avança en répétant :

– Ami.

L'Indien le regarda s'approcher et, lorsqu'il fut dans la lueur des flammes, il se retourna pour crier vers l'intérieur :

– C'est Longues-Jambes !

Il y eut des rires et des appels. Raoul entra. La lueur d'une lampe à huile minuscule dansait sur les visages souriants. Les yeux luisaient d'une vraie joie. Une dizaine d'hommes, de femmes et d'enfants s'entassaient dans une puanteur qu'enfumait un fourneau de tôle démontable dont le cornet sortait par le haut de la toile.

– Mauvais temps pour aller, fit un vieux.

– Mauvais temps, dit Raoul en posant son sac et son fusil.

– Alors, il faut rester.

– Tu sais bien que des choses peuvent obliger à partir dans la tempête.

– Quelles choses ?

Raoul, qui s'était accroupi en face du vieux, expliqua pourquoi il se rendait à Cochrane.

Le vieux hochait la tête, fermant à demi les yeux et tirant d'une toute petite pipe en terre de la fumée qu'il laissait filer à regret entre ses lèvres minces. Son visage était entièrement strié de rides sinueuses et noires.

– La neige vient, fit-il.

– Je sais.

– Tu vas dormir ici.

– Je vais continuer.

– Non. Tu vas dormir. Même Longues-Jambes doit dormir la nuit quand il a marché tout le jour. Demain j'irai avec toi voir l'enfant. Tu sais que je guéris.

– J'ai promis un docteur.

– Je guéris mieux que ton docteur.

– Je te crois. Mais la mère veut un docteur. J'ai promis. J'irai.

– Tu iras et moi je partirai voir l'enfant. Et quand ton docteur viendra, l'enfant sera guéri.

Ils s'étaient mis à manger la sagamité que les femmes leur servaient. Le dialogue entre-coupé de longs silences se poursuivit entre Raoul et le vieux jusqu'à la fin du repas. Les autres écoutaient sans souffler mot, mastiquant longuement. Parfois, lorsqu'une bourrasque plus nerveuse que le flot continu du vent secouait la toile, les visages s'immobilisaient, les regards se fixaient, les lueurs de la flamme tressautaient. Puis tout reprenait son cours.

Le vieil Algonquin finit par persuader Raoul de partager la chaleur de la tente jusqu'à l'aube. Ils se couchèrent côte à côte sous les fourrures, Raoul entre le vieux et la lourde portière de cuir que malmenait le vent.

Bien avant l'aube, ils se levèrent. La tempête était là, dans toute sa violence, mais l'endroit avait été bien choisi à l'abri d'une masse compacte de fortes épinettes. Deux femmes préparèrent une gamelle de semoule. Elles y ajoutèrent du cochon fumé, du sirop d'érable et du caribou. Ce mélange de sucre, d'alcool et de viande forte écœurait, mais, l'ayant absorbé, un homme pouvait affronter les pires températures.

– Le nordet est bien accroché, fit le vieux. Tu auras froid. Pas à la face. La trace est nette. Pas besoin de raquettes. Tu iras vite.

– Il faut.

Le vieux sourit et dit :

– Moi plus lentement.

– Toi tu restes là.

L'Algonquin montra son sac tout prêt avec ses raquettes attachées dessus et son fusil posé contre.

– Je vais voir l'enfant malade.

Raoul le prit par les épaules et le serra contre lui en disant :

– Brave… Brave…

Le vieux hochait la tête, les yeux plissés presque clos, avec juste l'étincelle noire de son regard heureux.

Ils sortirent et se rendirent du même pas jusqu'à la tranchée de la ligne. De ses grosses mitaines de peau, Raoul serra encore les épaules de l'Indien, puis, sans un mot, ils se séparèrent.

Le jour n'était pas encore là. Seule suintait

188

une clarté laiteuse qui portait une multitude de flocons minuscules. Cette limaille glaciale et acérée s'insinuait par la moindre fente. Elle piquait les joues, le cou, les poignets.

Raoul avait la chance de progresser en direction du couchant. Le nordet donnait de trois quarts. Ses gifles bondissaient de derrière les arbres qui gémissaient sous les coups. Elles s'engouffraient dans l'espace déboisé où elles filaient, un moment déroutées, avant de s'enlever par-dessus l'autre lisière.

Le vieil Indien avançait courbé, le menton rentré dans son col, baissant sa tête coiffée de loup. Son pas était plus court que celui du coureur de bois, plus rapide aussi, comme si ses jambes torses eussent couru derrière ce corps cassé et sans cesse menacé de chute. Ainsi le vieux marcheur semblait-il s'appuyer sur le vent.

Raoul ne s'arrêta pas avant d'avoir atteint un gros campe de bois laissé par les bûcherons de la voie. Il ouvrit la porte soigneusement fermée par un crochet de métal. Un poêle rond, en fonte, occupait le centre. Les couchettes de branches étaient encore en place. Une caisse contenait une réserve de pignes d'épinettes, de brindilles et de bûches. Des allumettes se trouvaient au sec dans une boîte à biscuits. Raoul alluma ce qu'il fallait de feu pour se faire du thé. Il mangea de la viande séchée sans s'asseoir, en piétinant. Une seule fenêtre éclairait l'intérieur. Les vitres étaient intactes et c'était bon de voir passer les bourrasques grises. Dans l'angle orienté à l'est, un petit tas de neige s'était formé. Raoul s'en approcha, regarda par où coulait cette poudre de l'hiver. Ayant repéré le passage, il tailla une cheville de bois qu'il ficha à force dans le trou en tapant avec un rondin. Son thé et sa viande absorbés, il sortit. Tandis qu'il refermait la porte, peinant pour enfoncer le crochet, la tempête l'enveloppa.

Haussant son sac d'un coup d'épaule, il repartit, augmentant progressivement la cadence, la rompant parfois d'un petit trot de quelques minutes pour éviter l'ankylose qui naît de la trop longue répétition d'un mouvement.

Autour de lui, à une allure démente, continuait la folie blanche et grise qu'égratignait parfois une rapide lueur. Les dents serrées sur une colère pareille à celle qu'attisent en eux les lutteurs amis, Raoul grognait :

– Tu crois m'avoir, salope, je t'aurai... Sûr que je t'aurai, maudite garce !

Il continuait comme une bête, fixant le sol à quelques pas devant lui, à la limite de la vision. Un bourdonnement mêlait les bruits de la forêt, craquements, sifflements, pleurs du pays tout entier.

Fleuve énorme, la tempête traversait le continent comme les grands courants traversent l'océan. Sa source jaillissait des glaces du pôle. Elle rabotait au passage les nudités du Labrador et toute l'étendue d'Hudsonie dont les terres et les eaux se confondaient en une même carapace de métal martelé par l'hiver. Elle parcourait l'Abitibi, s'accrochant aux forêts, pour s'en aller sur le Témiscamingue et la vallée du Saint-Laurent. Ce qui restait de sa violence s'étirait sur les collines moins froides vers la frontière des États-Unis.

Le souffle court, Raoul fonçait toujours, minuscule créature traversant le flot en furie. Il allait, accroché à la seule vision de cette vie à sauver, du petit visage boursouflé par la fièvre. Il luttait pour triompher de cet immense hiver tueur d'hommes et de bêtes dont le rire gigantesque, écrasant, s'élevait de la terre pour se perdre dans les nuées dont se jouait le vent.

24

Alban resta tout le jour près de son fils. Les sinapismes ayant soulagé un peu l'enfant, Catherine retourna à ses lessiveuses. Elle venait souvent, regardait, prenait la petite main brûlante dans les siennes puis repartait, impuissante, après avoir donné du sirop qu'à présent Georges recrachait, sans doute écœuré.

M. Ouimet et le géomètre vinrent aussi, disant qu'il fallait que le mal suive son cours. Stéphane s'affairait pour soulager sa mère le plus possible. Il faisait également de brèves apparitions.

Au crépuscule, lorsque la tempête se leva, Catherine dit :

– Il faut aussi prier pour Raoul. Je le connais, il ne voudra pas s'arrêter beaucoup, il risque gros.

À plusieurs reprises au cours de la nuit, le petit Georges retrouva sa lucidité et son regard vivant. La fièvre le dévorait. Catherine tenait sans cesse sur le feu en folie une casserole d'un thé spécialement préparé par le géomètre.

– Je voudrais du froid, disait l'enfant.

Vers le matin, il commença de respirer moins facilement. Il se plaignit de douleurs de poitrine. Il avait du feu à l'intérieur. Le souffle de plus en plus précipité, bientôt, il se mit à râler.

Quelque chose remuait des glaires au fond de lui, quelque chose qui semblait à la fois lié à sa respiration et indépendant de tout, comme un parasite énorme venu se terrer dans son corps pour en bouleverser l'intérieur. Stéphane courut réveiller l'ingénieur. C'était un des moments où la tempête hurlait le plus fort. Des torrents d'une neige aussi ténue que du crachin déferlaient entre les baraquements. On ne voyait pas à dix pieds. Il fallait s'arc-bouter pour refermer une porte. Des congères énormes se levaient alors qu'ailleurs la terre durcie apparaissait, nettoyée par le vent.

M. Ouimet arriva presque tout de suite. Il secoua sa toque et son manteau de loup en les quittant. Il s'agenouilla près du malade dont le visage ruisselait. Il dit :

— Ça ressemble pas à la diphtérie, et pourtant…

— Qu'est-ce qu'il faut faire ?

Cette question de Catherine portait toute l'angoisse du monde. La mère avait tenu avec courage jusqu'à présent, mais on la sentait prête à lâcher. Ses lèvres tremblaient. Ses yeux brillaient intensément.

— Si loin du docteur, soupira Alban, quelle folie !

M. Ouimet passa sa main sur son visage mal rasé, réfléchit un moment et dit :

— Je crois qu'on devrait essayer une saignée.

C'est un vieux truc qu'on ne pratique plus. Pourtant, ça soulage.

Les parents se regardèrent. Alban fit :

– Ma foi...

Catherine demanda :

– Vous sauriez faire ?

– Hector sait, lui. Un jour qu'on parlait des médecines d'autrefois, il m'a dit qu'il avait déjà essayé.

Stéphane repartit dans la tempête et revint bientôt avec le géomètre qui tira de ses poches son rasoir, du coton hydrophile, des bandes de gaze et une petite topette d'alcool blanc.

– J'avais envie de vous le proposer hier, fit-il. J'ai pas osé.

– Ça va lui faire mal ? demanda Alban.

– Il ne sentira rien du tout.

Hector passa à la flamme d'une brindille la lame de son rasoir, lava à l'alcool quelques centimètres de peau du bras en observant :

– Ça ne s'appelle pas la saignée du bras pour rien.

Catherine et Stéphane suivaient ses gestes avec attention, le visage tendu. Alban s'était retourné. Il hésita un instant, s'éloigna sans bruit pour se planter à côté du fourneau. Ses lèvres se mirent à remuer; dans un souffle, il commença :

– Je vous salue Marie, pleine de grâce...

Le sang coula épais dans une cuvette. Le géomètre nettoya la coupure, y appliqua de la gaze, un tampon imbibé d'alcool et enroula la bande. L'enfant n'avait pas poussé le moindre gémissement.

– Voyez, fit Hector Lavallée, il a rien senti.

194

– Non, fit Catherine. J'aurais mieux aimé l'entendre crier... c'est pas bon, qu'il ne sente plus rien.

Les deux hommes parurent gênés. M. Ouimet dit :

– Dans un moment, on verra. Stéphane viendra m'informer.

Ils sortirent tous les deux.

– J'vais rester là, fit Catherine. Le linge attendra. Faudrait tout de même entretenir le feu, autrement tout va geler là-bas dedans.

– J'y vais, m'man. Je ferai sécher ce qui est rincé. T'inquiète pas.

Restés seuls avec le malade, Catherine et Alban prièrent un moment puis, ayant éteint la lampe, ils allèrent s'asseoir près de la couchette, sur des billots bas. La pâle clarté du jour tourmenté coulait par la fenêtre aux vitres gelées. Elle venait à la rencontre de la lueur rouge et trépidante du foyer ouvert. Sur le fourneau, le coquemar chantait. À cause des extravagances de la tempête, ce bruit monotone et continu de l'eau paraissait plus régulier encore. Il finissait par sembler immuable; seule vie que rien ne pouvait atteindre. Dans son ombre, le râle moins constant de l'enfant se faisait infiniment menu. Sa fragilité effrayait. Dès qu'il se modifiait on redoutait une rupture.

Sur l'heure de midi, Catherine fit chauffer un reste de soupe aux fèves qu'ils mangèrent du bout des lèvres. Ensuite, elle se rendit chez l'ingénieur pour voir Louise qui crayonnait sur une petite table installée près du poêle.

– Elle nous aide, dit en riant M. Ouimet. Alors il faut la payer.

Toute joyeuse, l'enfant montra quelques pièces de un sou et des bonbons dans une petite boîte en carton. Tendant le tout à sa mère, elle dit :

– Pour Georges.

Catherine prit deux bonbons, embrassa la petite et repartit dans la tempête qui poursuivait sa course forcée, laminant le pays.

– Seigneur, lança-t-elle en levant les yeux vers le ciel invisible, faites qu'il puisse revenir à temps !

La nuit avança très tôt, sortant de chaque rafale, s'accrochant aux résineux d'abord puis à l'ensemble de la forêt. Elle gagna rapidement la demeure assiégée pour noyer la couchette où la respiration de l'enfant faiblissait d'instant en instant.

Alban et Catherine savaient le temps qu'il fallait à Raoul pour accomplir sa course. Pourtant, à chaque bruit différent de ceux que déclenchait le vent, ils tendaient l'oreille, le cœur battant. Ils retardaient le moment d'allumer, peut-être par crainte de trop bien voir progresser le mal.

Le père se levait pour prendre la lampe du plafond lorsque Georges fut secoué d'une toux rauque semblable à un hoquet. À la recherche de son souffle, le malade faisait des efforts considérables pour se soulever. Catherine se précipita en disant :

– Allume, allume vite !

Le père eut des gestes maladroits et faillit briser le verre. L'enfant étouffait. Catherine qui le soutenait cria :

– Appeler !... Faut appeler !

196

Alban dont les membres tremblaient remit en place la lampe allumée et se précipita. De la porte ouverte, il cria :

– Steph ! Steph !

– J'suis là !

– Cours chercher m'sieur Hector...

Il rentra. L'enfant qui ne toussait plus se dressa presque raide. Son regard noyé se tourna vers eux. Il hoqueta :

– M'man.

À peine audible, ce mot fut étouffé par un râle. La tête se renversa en arrière, le corps se raidit, cambré et secoué d'un terrible tremblement.

– Seigneur ! Seigneur ! implora la mère.

Le corps devint mou et retomba. L'enfant avait cessé de respirer.

Il y eut quelques instants de silence. La porte s'ouvrit, un homme entra. Ils crurent d'abord que c'était le géomètre, mais l'homme s'avança en retirant son capuchon de fourrure. Ils reconnurent un vieil Indien qui était plusieurs fois passé par là.

– Longues-Jambes m'a dit... Je viens pour l'enfant... Je peux guérir.

Il fit deux pas. Catherine qui venait de reposer la tête de son petit sur le drap trempé s'écarta en murmurant :

– Fini... Fini...

Un sanglot creva. Agenouillée sur la litière de sapin, le dos voûté et les épaules secouées, elle plongea sa tête dans ses mains et se mit à pleurer.

Alban pleurait aussi. Raide. Figé. Silencieux.

L'Indien hochait la tête. Doucement il dit :

– Trop vieux… Pas assez vite.

Il le répéta à l'ingénieur et au géomètre lorsqu'ils entrèrent avec Stéphane.

– Où étais-tu ? demanda M. Ouimet.

L'homme expliqua et dit qu'il marchait depuis l'aube.

– Tu vas manger, dit le géomètre. Tu dormiras et tu repartiras demain.

– Pas assez vite, répéta le vieux. Pas assez vite.

Il était debout à côté de la porte refermée, comme un animal apeuré. Il semblait porter sur sa nuque une charge bien plus lourde que son sac, son long fusil et ses raquettes.

M. Ouimet et Hector Lavallée demeuraient immobiles, les mains croisées, le regard fixé sur l'enfant dont le visage perdait déjà ses couleurs. Stéphane agenouillé à côté de sa mère posa son bras sur ses épaules.

La nuit hurlait, fauve aux mille gueules acharné à broyer le monde.

25

Le vieil Indien était allé dormir dans l'antre de Raoul. Lorsque le gong du réveil sonna, il avait repris sa route depuis longtemps. À l'aube, ses traces étaient déjà complètement effacées.

— Il n'a rien mangé de chaud, dit Alban.

— Il voulait aller vite, expliqua l'ingénieur. Il m'a promis d'envoyer son fils à la rencontre de Raoul. Ça évitera au docteur une longue course inutile.

Catherine montra, sur le coin de la table, une vessie d'orignal nouée d'un lacet de cuir, pareille à un ballon d'enfant à moitié dégonflé.

— Il a laissé ça. Si quelqu'un est malade, il faut lui en donner.

L'ingénieur défit la boucle, ouvrit la vessie et alla près de la fenêtre. Il s'inclina pour regarder, respira à petits coups et revint en disant :

— De l'herbe avec des baies. Un mélange à lui.

Le petit Georges était allongé bien droit sur son drap blanc, les mains croisées. Le visage reposé. Stéphane avait dormi quelques heures mais les parents ne s'étaient pas couchés. L'ingénieur qui venait de prier un moment en silence semblait embarrassé. Après avoir reposé la vessie sur la table, il fit quelques pas lentement en direction de la porte. On sentait à sa démarche qu'il n'avait pas l'intention de sortir. Il hésita. Son corps eut un balancement lent puis il se retourna et s'approcha de Catherine immobile au pied de la couche mortuaire. M. Ouimet se racla la gorge. D'une voix qui sonnait curieusement, il dit :

– J'ai demandé à Gendreau de faire un cercueil. Il le fera très bien.

Alban s'approcha. M. Ouimet s'assit lentement sur un tabouret, le coude sur la table. Sa main droite caressa le bois un instant. Ses doigts tambourinèrent un bref roulement. Très vite, il retira sa main que l'autre empoigna comme pour lui interdire toute récidive. Alban vint s'asseoir également. Un moment de vent passa, secouant le feu.

– J'ai pensé aussi, pour l'enterrement, fit l'ingénieur... Faut choisir un emplacement. C'est pas facile avec ce temps... Creuser une terre pareillement gelée, ma foi...

– C'est vrai. On pourra pas. J'y ai pensé aussi.

Catherine semblait étrangère à ce dialogue. Son visage était aussi pâle, aussi rigide que celui du mort.

– Le mieux, dans ces cas-là, reprit M. Ouimet, c'est de déposer le cercueil au froid... et à l'abri des bêtes.

– Bien sûr.

– On creusera dès qu'il viendra un redoux.

– Bien sûr.

Alban hochait la tête, visage impassible, regard vide de toute expression.

– Le mieux, reprit M. Ouimet, c'est sous une toiture bien fermée.

– Sous une toiture. Oui, oui... Sous une toiture.

Il y eut un long silence avant que l'ingénieur dont la main était revenue tapoter un instant ne reprenne :

– Si vous voulez, on peut le mettre au-dessus du bureau.

Sans changer de place, Catherine se tourna vers eux. D'une voix incolore, elle dit lentement :

– Non... Ici.

Son regard se leva vers le plafond.

– Chez nous, dit M. Ouimet, ce serait peut-être plus facile d'ouvrir le pignon.

D'un ton ferme, la mère répéta :

– Non. Ici... C'est ici qu'il doit être.

À la fin de la matinée, le menuisier apporta la bière toute neuve, bien rabotée. Sur le couvercle, il avait dessiné une croix au fer rouge. Il expliqua :

– C'est mieux que de clouer des lattes. Les clous rouillent vite.

Il avait une bonne face ronde où il devait être impossible d'afficher de la tristesse. Seul son regard prisonnier de lunettes semblait exprimer une grande compassion. À cause du gel, il avait enveloppé de tissu noir la partie de ses montures qui portait sur son nez. Le trait foncé semblait unir ses gros sourcils pour en faire une seule barre courant d'un bord à l'autre de sa tuque en laine grise.

Catherine fixait à présent la croix hachurée de noir. Son regard exprimait quelque chose de dur, comme un reproche à cette image d'un Dieu de douleur et de bonté incapable d'aider les malheureux. De temps à autre, son front se plissait, la bouche se crispait sous l'effet d'une violente douleur.

Lorsque le cercueil fut ouvert, elle s'approcha lentement du corps, s'agenouilla et embrassa le front glacé. Se relevant, elle regarda Alban qui vint à son tour pour le même geste. Puis ce fut Stéphane. Le garçon eut une hésitation. Son œil s'affola un instant. Il quitta le visage dur de sa mère pour celui du père qui exprimait un grand embarras. Il y eut un lourd silence. Le menuisier qui, ayant posé sa tuque et ses mitaines sur la table, s'était déjà signé deux fois, se dirigea vers la fenêtre. Il sortit de ses poches des vis et un gros tournevis à manche noir qu'il fit mine d'examiner. Stéphane respira longuement. D'un pas un peu raide, le visage crispé, il alla lui aussi embrasser le front de marbre. Lorsqu'il se redressa, son visage était d'une pâleur inquiétante.

Calme et lente, à gestes sûrs, Catherine alla envelopper le petit Georges dans son drap. Alban s'approcha. Sans un mot, comme s'ils se fussent entendus sur le mouvement à accomplir, le père empoigna l'enfant sous les épaules, la mère le prit sous les jambes. Avec précaution, ils l'allongèrent dans la caisse. Tous se signèrent. Le menuisier s'était approché sans bruit. Il posa délicatement le couvercle à sa place. Dans les huit trous préparés, il engagea les vis, puis, s'inclinant au-dessus du cercueil, il se mit à visser. On entendait son souffle et le couinement du métal dans le bois. À la troisième vis, il s'arrêta pour essuyer son front où perlait la sueur.

– Veux-tu que je te reprenne ? proposa Alban.

– Que non… Ça ira bien. Mais je viens du froid.

Il quitta ses lunettes, essuya la buée avec ses larges pouces et reprit sa besogne.

Dès que ce fut terminé, il dit :

– J'ai apporté l'égoïne. Si tu veux, on va ouvrir.

Alban et Stéphane s'habillèrent. Le menuisier remit sa tuque et ses mitaines.

Le vent menait toujours grand train. Ils se dirigèrent vers le pignon abrité. Il suffisait d'entamer un rondin au ciseau pour engager la lame de la scie. Ils scièrent trois pièces qu'ils unirent avec deux liteaux pour pouvoir refermer l'orifice. Quand ce fut fait, ils rentrèrent prendre la bière. Catherine s'enveloppa d'une cape et d'un châle de laine pour les accompagner. Tandis que le menuisier tenait l'échelle, Stéphane aida son père à charger le petit cercueil sur son épaule et à l'équilibrer pour pouvoir monter. Alban se hissa lentement jusqu'à engager la caisse dans l'ouverture. Lorsqu'il poussa, le bois émit un grognement et tressauta. La boîte disparut. Catherine baissa la tête, ses mains serrèrent son châle autour de ses épaules. Elle parut soudain moins grande et plus frêle. Stéphane monta deux échelons derrière son père pour lui passer les rondins tenus par les liteaux, un marteau et des clous.

Le vent furieux emporta loin et dispersa sur la forêt le bruit des coups que donnait Alban pour enfermer son garçon dans le froid.

L'après-midi fut pareil aux autres, avec le travail. Ils allèrent voir Louise qui resta une nuit de plus chez l'ingénieur.

Dès qu'ils furent couchés, le vent s'amplifia encore. Il tirait sur des chemins impossibles, dans des ornières gelées, de longs charrois aux ridelles démantibulées.

Sur leur matelas aplati à travers lequel pointaient les branchages de sapin, Catherine et Alban avaient pris la position rigide des corps sans vie, bien droits, mains croisées sur la poitrine. Après un moment de silence, Catherine soupira :

– Dire qu'il n'est même pas mort dans un lit !

– Quand on a laissé les lits, on aurait dû renoncer.

Sans que nul sanglot vînt la secouer, Catherine se mit à pleurer. Les larmes coulaient le long de ses tempes pour pénétrer ses cheveux.

Un craquement du bois un peu plus fort que les autres la fit se soulever sur un coude.

– Qu'est-ce qu'il y a ? demanda Alban.

– Rien. J'ai cru entendre.

– Tu sais bien qu'il reviendra pas de nuit. Le vieux lui aura dit... Essaie de dormir.

– Et toi, tu dors ?

– Faudrait... On tiendra pas.

La mort était au-dessus d'eux. Sur ce plafond qu'ils avaient calfeutré tous ensemble, les enfants allant arracher la mousse à pleines corbeilles. Ils avaient beaucoup travaillé pour se protéger du froid qui enveloppait à présent le petit Georges.

Les avait-il quittés à cause de leur folie ? Peut-être se sentait-il plus tranquille. Là où il se trouvait, nul n'irait plus le tourmenter. Il allait vivre une éternité de paix, protégé de tout par ce froid où il s'était enfoncé, par cet hiver qui avait fait de lui un enfant de granit.

26

Entre les toitures de rondins et les plafonds de voliges, le vent menait des travaux d'homme. Il piétinait. Il remuait des planches, écrasait des fagots, arrachait des clous rouillés, chassait à coups de fouet des bêtes inconnues qui piaulaient étrangement.

Le flot du nord porteur de flocons serrés fit bientôt place à un courant clair et plus froid encore. Descendu des grandes montagnes de l'Ouest, il apportait jusqu'ici l'écho sonore des vallées profondes. Sa manière de secouer les habitations, de torturer les arbres et de déplacer la neige avait quelque chose d'acéré qu'on ne trouve pas chez les autres vents. Sa façon de crisser agaçait les dents.

Même au plus dur des nuits, il poussait devant lui une lumière crue pareille à une lame de faux. Il enveloppait les maisons des vivants, il serrait dans leur linceul les morts qu'on ne pouvait enterrer dans le sol devenu roche, il talonnait les voyageurs sur les pistes glissantes qu'il barrait çà et là de congères. Les animaux le sentaient venir de loin. Le poil se terrait, la plume lui faisait face, pelotonnée, l'œil mi-clos.

Plus les morts que prend l'hiver sont petits, plus il paraît injuste qu'il les emporte. Toutes les mères à qui il a volé un enfant le haïssent. Elles écoutent le vent hurler dans les nuits; il passe avec des grincements, des croassements, des coups de griffe qui font penser au vol des charognards. Elles s'accrochent aux seules richesses qui demeurent. Entendant gronder la tempête, elles imaginent des ciels bleus, des espaces infinis de lumière douce où pourraient vivre heureux des milliers de disparus. Il arrive que le sommeil qui les a fuies s'approche en dépit du tumulte. Sans les recouvrir tout à fait, il étend sur elles une mantille transparente et trompeuse. Les sanglots du vent deviennent musique et les innocents, heureux en un séjour plus clément, retrouvent leur sourire.

Sur les étendues des pays nordiques, la mort court, plus vorace qu'ailleurs, plus famélique. La vie est rare. Elle se défend âprement. Les imprudents, les faibles, les étrangers, ceux qui sont venus là sans savoir que la mort y réside en permanence, sont des proies faciles. La plupart du temps, on ne l'entend pas approcher. Elle vient de nuit, confondue avec l'ombre des bois ou librement, volant au ras du sol, tourbillonnant, vêtue de soie légère. C'est à peine si les gens et les animaux terrés dans leurs tanières perçoivent un frôlement. Elle peut entrer partout, même en ces lieux où nul vent ne pénètre.

La mort nourrit toutes les terres depuis des millénaires, mais ici, lorsqu'elle rattrape un marcheur solitaire, elle l'étreint sans que nul puisse rien tenter pour l'en empêcher. C'est elle qui se charge de la sépulture. Bien des corps vidés de leur âme et vidés de leur vie ont disparu lentement dans cette forêt, laminés par les bourrasques tout au long de la saison des glaces. Ce qui restait encore d'eux au printemps s'est enfoncé dans les lichens et les mousses, puis dans la glaise qui peu à peu les a enveloppés. Mille fois plus lentement, ces naufragés du continent se sont enfoncés dans la terre comme les marins noyés le font dans l'océan.

27

Avec le crépuscule, le vent s'arrêta. À mesure que la nuit tombait, un grand calme s'allongeait sur la forêt étonnée.

À l'heure du souper, les Robillard se mirent à table. La place laissée par le petit Georges créait un vide énorme. Le silence écrasait.

Personne n'avait faim. Le repas fut très court. Ils étaient dans une immobilité que nul n'osait rompre lorsque Stéphane perçut un bruit. Il se dressa, l'oreille tendue, le visage soudain éclairé. La neige croûtée craqua plusieurs fois. Un pas heurta le bois.

— C'est lui.

La porte s'ouvrit. Raoul entra. Il referma, enleva sa toque de fourrure, libérant sa chevelure claire.

Il y eut une hésitation générale. Le trappeur embarrassé de son grand corps, les autres rivés à leurs sièges.

Catherine se leva. D'un élan elle fut contre lui. Collée à sa poitrine, secouée par son chagrin qu'elle ne pouvait plus contenir. Stéphane et Louise s'approchèrent à leur tour. Se baissant sur le côté, Raoul souleva la petite qui s'accrocha à son cou en disant :

– Georges, il est au ciel... il a pas mal. Faut pas pleurer... Pas pleurer.

Sa voix se fit fluette avant d'être brisée par un sanglot énorme. Stéphane les étreignit. Ils formaient un bloc de peine que secouaient les pleurs.

À deux pas, Alban regardait, l'œil luisant, tout gauche dans son chagrin silencieux. Raoul avait encore son sac et son fusil. Stéphane s'écarta en disant :

– Laissez-le se défaire.

Catherine prit la petite. Le coureur de bois posa son fourniment, quitta sa pelisse et s'assit pour délacer ses jambières de peau. Il expliqua :

– J'ai mis du temps. Le docteur était pas là. J'ai attendu un jour et une nuit... Après...

Il se tut, baissa la tête avec un mouvement des bras et des épaules qui voulait dire :

– À quoi bon !

Le silence revint. Après un si long assaut, la maison se reprenait lentement. Ses membres craquaient. Elle formait sur les vivants une carapace accrochée à eux, avec le poids du malheur.

– Le vieil Indien est venu, fit Alban.

– Je sais, son fils a marché jusqu'à Cochrane.

Raoul tira sa pipe de sa poche droite, puis sa blague de la gauche. Il souffla dans la pipe à moitié bouchée.

– J'avais une petite alêne, je l'ai perdue en route.

Stéphane se leva, alla chercher une caissette qu'il apporta jusque dans la lueur de la lampe. Les outils s'entrechoquèrent lorsqu'il fouilla. Il sortit un fin poinçon à manche lustré par le frottement des mains.

– Tiens.

– Merci.

– Tu peux le garder, dit Alban, j'en ai un autre dans ma boîte à ressemeler.

Raoul déboucha le tuyau de sa pipe, puis il gratta l'intérieur du fourneau avec la plus courte lame de son couteau. Il tombait sur la table un goudron dur comme de petites coquilles noires. Le crissement occupait la maison et semblait envahir la nuit qui l'enveloppait de son calme tout neuf. Lorsqu'il eut terminé, Raoul ramassa les déchets d'un petit tas qu'il tira jusqu'au bord pour le faire couler dans sa main en cuvette. Il les porta dans le feu où il remit deux bûches. Le crépitement bondit, s'étira en s'éloignant. Raoul le ranima de nouveau en ouvrant la grille pour prendre une braise qu'il posa sur le tabac. Il tira trois fortes bouffées, revint s'asseoir. Un gros serpent de fumée s'enroula autour de la lampe dont la flamme vacillait à l'intérieur du verre noirci.

– Je vais te réchauffer de la soupe, dit Catherine.

Elle alla chercher une casserole de fer qu'elle posa sur la cuisinière. Tout de suite, la soupe se mit à chanter et des gouttes tombèrent du couvercle sur la platine brûlante. Elles tchutaient brièvement pour lâcher leur petite fumerolle.

– Si vite, dit Raoul. Et à cet âge... Y a pas de justice.

Personne ne souffla mot. Catherine posa une assiette creuse, une cuiller, une fourchette et un verre devant son frère. Elle alla chercher le pain et l'eau.

– Juste la soupe, dit Raoul. Ça suffira.

– Il reste de l'orignal que tu avais apporté. Froid, il est bon.

La soupe encore tiède avait chauffé vite. Sa buée prit la place de la fumée de pipe. Plus ténùe, elle se dispersait sans montrer ses formes.

Louise s'était endormie sur les genoux d'Alban. Sa mère la prit doucement, la déshabilla et s'en fut la coucher.

Raoul mangea un moment, cassant du pain dans son assiette. S'arrêtant soudain, il dit :

– C'est de ma faute.

– Pas toi, fit Alban. Tu pouvais pas prévoir. Personne pouvait prévoir.

– Tout de même, je vous ai menés là.

Catherine soupira longuement.

– Où nous étions, dit-elle, est-ce que tu crois que le docteur était plus près ? Je sais même pas où il y en avait un.

Elle se tut puis finit par ajouter, les dents serrées :

– C'est tout ce pays qui est maudit.

Le trappeur mangea sa viande lentement. Il tranchait de petites bouchées avec la plus grande lame de son couteau, coupant chaque fois un cube de pain à son chanteau. Lorsqu'il eut fini, il but un verre d'eau, essuya sa lame entre son pouce et son index, la fit claquer en la refermant. Il s'écarta sur le côté pour remettre son couteau dans sa poche. Chacun suivait ses gestes, observait son visage. Lorsqu'il eut de nouveau allumé sa pipe, regardant sa sœur, il demanda :

– Où l'avez-vous mis ?

Catherine leva seulement les yeux et Raoul hocha trois fois la tête. Comme il remuait, Alban demanda :

– Tu veux pas dormir ici ? Ça va être glacé, chez toi.

– J'aime mieux, dit Raoul.

Il enfila sa pelisse, coiffa sa toque, prit son sac, le lança sur son épaule avant d'empoigner son fusil.

Lorsqu'il ouvrit, un grand rectangle de ciel clair tout scintillant se montra. La porte refermée, ils entendirent s'éloigner son pas sur la neige qui craquait comme du verre.

– Tout de même, fit Alban, c'est loin, Cochrane. Avec le temps qu'il faisait.

– Pour rien, souffla Catherine.

Comme s'il eût porté sa part de leur accablement, le feu émit un long soupir. Une bûche venait de verser une larme de sève sur les charbons ardents. La flamme ronfla un peu, puis le velours du silence se remit à glisser doucement autour de la maison.

28

Raoul ne resta que deux jours au campe. Taciturne, il s'en venait rôder autour de la maison, s'occupait mollement de ses peaux. Sciait ou fendait du bois, tirait quelques perdrix des neiges qu'il offrait à Catherine ou à M. Ouimet. Quand il ne prenait pas ses repas avec les Robillard il allait à la cookerie où Graillon lui donnait une gamelle fumante qu'il mangeait seul, au coin de son fourneau, dans sa cabane puante. Lorsqu'il vivait ici quelques jours, ses vêtements s'imprégnaient de cette odeur qu'il traînait partout. Catherine profitait de chaque passage pour lui laver son linge.

Un soir, il annonça qu'il partait le lendemain et s'enfonça dès l'aube dans la profondeur des bois.

Il devait y avoir dix ou douze jours qu'il avait disparu lorsque Alban décida d'aller tendre quelques pièges pour avoir de la viande fraîche. Son beau-frère lui avait appris comment s'y prendre. C'était un dimanche. Catherine dit à Stéphane :

— Je ferai à la buanderie, va avec ton père.

– Tu crains que je me perde ? fit Alban. C'est vrai que moi, j'ai pas du sang de trappeur.

Elle haussa les épaules.

– Non, mais lui, il a envie.

Les deux hommes partirent. Le gel avait repris le dessus après un léger redoux, si bien que le sol boursouflé pétillait sous les pieds. Le soleil brillait. L'air cristallin donnait envie de marcher, de prendre la vie par la taille et de s'en aller loin avec elle.

Depuis la mort de Georges, c'était la première fois que le père et le fils échappaient au poids de la maison.

Durant le redoux, ils avaient souvent observé le sol, espérant une possibilité d'enterrer l'enfant, mais le froid était revenu trop vite.

À présent, ils allaient, le garçon devant parce qu'il avait davantage le sens de la forêt. Ils suivaient les pistes tracées par Raoul. À plusieurs reprises, ils s'arrêtèrent vers des sources tièdes qu'on entendait vivre sous la glace qu'elles perçaient parfois, exhalant leur petite haleine de bête enfouie. C'était là qu'ils tendaient leurs collets, sous une épinette où se lisait un passage tracé par les pattes griffues.

De temps en temps le père et le fils se regardaient en souriant. Ni l'un ni l'autre n'osait encore exprimer par des mots la joie que procurait cette sortie.

Vers la mi-journée, ils mangèrent une tranche de lard tirée des poches et burent à une source.

– On peut rentrer par un autre chemin, proposa Stéphane.

– Tu connais ?

– Oui.

– Tu es certain ?

– Certain.

Ils continuèrent leur route. Le soleil baissait. Le cuivre s'oxyda derrière la cendre des arbres. Il devait leur rester à peu près une heure de marche lorsque Alban s'écarta de la piste pour s'engager sous des bouleaux où il croyait avoir vu remuer. N'entendant plus son pas, Stéphane se retourna. Il allait appeler lorsqu'il y eut un craquement.

– Merde ! cria le père.

Le garçon revint en arrière. Alban était dans l'eau jusqu'à mi-cuisses. Empoignant la main qu'il lui tendait, le garçon s'accrocha à une branche et l'aida à sortir.

– Mille dieux, ragea le père, me voilà propre !

– Faut faire un feu tout de suite. Enlève ça. On va le sécher. Donne tes allumettes.

Alban fouilla dans ses poches.

– Trempées, dit-il d'une voix que l'angoisse nouait.

– Raoul dit qu'il faut toujours les avoir le plus haut possible. Faut vider tes bottes, p'pa. Enlève ton pantalon, on va le tordre.

Alban obéit, avec des gestes fébriles. La peur les tenait déjà. L'eau trouble de la nuit suintait entre les taillis.

– Tu veux mes culottes, offrit Stéphane.

– T'es fou, non.

– J'suis pas mouillé.

216

Avec une dureté inhabituelle, Alban ordonna :

– Je t'interdis de les enlever. J'les mettrai pas.

Stéphane se reboutonna. Le pantalon tordu roidissait déjà lorsqu'ils le lâchèrent. Stéphane soutint son père tandis qu'il l'enfilait et remettait ses bottes trempées. Il trépignait d'impatience.

– Faut foncer, p'pa... Ça gèle dur. Faut foncer.

Il partit en courant, se retournant sans cesse pour crier :

– Vite, p'pa... vite, vite...

Alban courait comme il pouvait. On entendait craquer le tissu que saisissait le froid.

– On va s'perdre, grognait Alban.

– Non... Vite... Cause pas, ça essouffle... Vite, plus vite, mon p'pa.

Ils allèrent longtemps ainsi. Seuls le ciel et le sol conservaient quelque clarté. Tout autour, c'étaient déjà le sommeil violacé des taillis, les falaises charbonneuses des conifères pareils à des roches sombres dressées çà et là. Le garçon trottait. Dans les passages tortueux ou trop glissants, il attendait son père qu'il empoignait par le bras.

– Ça va ?

Haletant, Alban répondait :

– Ça va.

Au bout d'un moment, il ralentit en soufflant :

– J'ai mal... On dirait que mes pieds vont éclater.

– Faut forcer, p'pa. J'essaierais bien de te porter, mais tu gèlerais.

Ils repartaient de plus belle. Bientôt, la noirceur fut telle que le garçon dut guider son père. Il fallait aussi le soutenir. Alban trébuchait. Il gémissait.

– Laisse-moi... Va appeler.

– T'es fou, p'pa, tu gèlerais en dix minutes. Je vas te donner mon pantalon... Mes bottes, tu pourrais peut-être les mettre.

– Fous-moi la paix...

Ils repartirent. Alban grognait. S'en prenait au ciel et à la terre. Il tomba plusieurs fois. Le garçon dut l'aider à se relever. Il suppliait :

– Viens, p'pa. J'peux pas t'porter.

Les jambes du père se faisaient lourdes. Elles commençaient à ne plus obéir. Le garçon effrayé suppliait constamment, tirant son père de toutes ses forces :

– Viens, mon p'pa... T'arrête pas.

Enfin, très loin entre les arbres, ils aperçurent de la lumière. Alban tomba, se releva, tomba encore et fit les derniers mètres traîné par le garçon dont le souffle court trahissait l'épuisement.

À quelques pas de la maison, le père tomba encore. Stéphane appela d'une pauvre voix déchirée :

– M'man... M'man !

La porte s'ouvrit. Celle de la baraque d'en face aussi et l'ingénieur fut sur place presque en même temps que la mère. Au moment où ils survenaient, Stéphane vit basculer le rectangle de lumière et s'écroula sur la glace.

– Seigneur, gémit Catherine.

Le géomètre arrivait à son tour et son aide avec lui. Ils rentrèrent les deux hommes.

Alban dit en montrant son fils :

– Sans lui, j'étais foutu.

– Mais quoi ? Quoi donc ? fit Catherine.

– Mes jambes... À l'eau.

Ils lui enlevèrent ses bottes et son pantalon. Sa peau était violette jusqu'au milieu des cuisses.

– Faut le mettre dans l'eau froide, dit l'ingénieur.

Le géomètre et son aide sortirent et revinrent avec un cuveau qu'ils avaient pris à la buanderie. Catherine venait de réveiller son fils en versant du caribou entre ses dents serrées. Stéphane battit des paupières et murmura :

– P'pa... Ça va ?

Assis les jambes dans l'eau, Alban sourit.

– Ça va aller, mon gars. Sans toi, j'étais foutu... Tu m'as sauvé, mon Steph.

Catherine essuya les jambes de son homme. Avec de l'alcool que venait d'aller chercher l'aide-géomètre, elle se mit à le frictionner vigoureusement. Ses mains gercées par les lessives étaient douloureuses, mais elle frottait tout de même, demandant souvent :

– Tu sens ? Ça revient ?

Le visage tendu par une nouvelle peur, Alban soupirait :

– Pas tellement... J'sens pas grand-chose.

Les autres se regardaient, inquiets, avec des hochements de tête.

– Faut le coucher bien couvert, dit le géomètre. Demain, on verra comment ça ira.

Il se tourna vers Stéphane pour demander :

– Des allumettes, t'en avais pas, toi ?

Le garçon fit non de la tête.

– Bon Dieu, c'est pas la peine de vouloir courir les bois. Y t'a pas appris ça, ton oncle !

– Y me l'a dit souvent… J'pensais pas qu'on irait si loin… C'est d'ma faute.

Tout le monde fut contre Hector pour rassurer le garçon. Stéphane observait son père qu'on venait d'aider à s'allonger et qui le regardait avec ses yeux pleins de bonté et d'amour en répétant :

– Sans toi, mon Steph, j'étais foutu… foutu. Certain !

29

Les jours passèrent sans qu'Alban retrouvât l'usage de ses jambes. M. Ouimet affirmait que les tissus n'étaient pas gelés. La sensibilité était à peu près redevenue normale, mais les articulations demeuraient absolument bloquées. Celles des genoux s'étaient coincées, pétrifiées au cours de la première nuit, alors qu'Alban dormait les jambes repliées. Depuis, il restait ainsi, tel un assis de fonte moulée.

Aussitôt revenu de son expédition de chasse, Raoul avait repris la direction de Cochrane. Il rapporta des onguents destinés à activer la circulation du sang. Le médecin avait dit qu'il ne s'agissait pas d'une gelure profonde puisque nul signe de gangrène ne se manifestait. Ce devait être une arthrose aiguë. Il avait donné une potion. Il viendrait dès que le temps le permettrait.

Le trappeur avait également accompli un détour par un village indien. Une vieille femme lui avait remis une terrine d'une pommade noire qui sentait le goudron. Rien de tout cela ne rendit à Alban le pouvoir de marcher.

Il ne se plaignait pas.

Assis tout le jour près du feu, il s'était mis à tailler au couteau des objets de bois dont Catherine disait qu'elle les mettrait en vente dès qu'ils pourraient ouvrir un magasin. Il passait beaucoup de temps avec sa fille, lui apprenant à lire dans un gros almanach. L'ingénieur lui apportait un journal lorsqu'il en arrivait un de Montréal, dans un envoi de courrier ou de marchandises.

– Quand Steph pourra aller me couper des osiers, disait Alban, je ferai des paniers. C'est une chose qui se vend toujours. Je ferai aussi des balais en bouleau.

Vers la fin de février, après une période de tempêtes d'une extrême violence qui arrêta une fois de plus les travaux extérieurs, vint un gros coup de redoux. Un matin, ils furent réveillés par le roulement de la pluie et le gargouillis de l'eau ruisselant des toits.

Stéphane et Raoul passèrent la matinée à piocher et à pelleter les glaces accumulées. Ils creusèrent des fossés d'écoulement en direction de la rivière pour éviter que la buanderie et la maison ne soient inondées. Ils s'étaient couverts de sacs repliés qui formaient capuchon, mais leurs bras et leurs épaules étaient trempés. Trois fois au cours de leur travail ils durent changer les sacs transpercés. Ils venaient les étendre près du feu de la buanderie où Catherine continuait sa besogne, la porte grande ouverte sur le déluge.

À midi, tandis qu'ils étaient à table, Catherine dit :

– Il fait de plus en plus chaud.

– C'est le vrai redoux.

Il y eut un temps durant lequel ils s'observèrent, puis Alban eut un regard vers le haut.

– Je sais, fit-il, on pourra guère attendre.

M. Ouimet vint les voir alors qu'ils achevaient leur repas. Il enleva un large imperméable en toile cirée noire qu'il accrocha tout dégoulinant derrière la porte. Il alla s'asseoir à côté de Raoul, tira de sa poche une courte pipe qu'il bourra avec le tabac du trappeur, appuyant longuement de ses gros doigts boudinés. Il sortit une allumette qu'il craqua en la frottant sous la table, il alluma, tira trois bouffées qui se mêlèrent au nuage déjà libéré par Raoul et qui montait lentement au-dessus de la table, puis beaucoup plus vite dès qu'il atteignait le courant chaud du fourneau. Le suivant des yeux jusqu'au plafond, M. Ouimet dit :

– Faudra penser à l'enterrement.

– Oui, fit Catherine, mais l'emplacement ?

L'ingénieur baissa les yeux, fixa la table un moment, caressa un gros nœud du bois en suivant les veines du bout de son index. Regardant Alban et Catherine, il expliqua :

– C'est terrible, je sais, ça va être la première tombe. Comme il y aura une agglomération ici, faudra un cimetière. Nous devons choisir l'endroit.

Ils parlèrent un moment dans le plus grand calme. Chacun donnait son avis. Finalement, ce fut l'ingénieur qui imposa son idée. Sachant exactement où devait être bâtie la gare, où s'édifieraient les principaux locaux administratifs, il conseilla une place à mi-chemin entre le campe des Robillard et la lisière de la forêt.

Toute la nuit, l'averse continua, à peine remuée de temps en temps par de gros hoquets du ciel. On eût dit que les nuages secouaient sur la terre d'immenses draps trempés, puis les retiraient pour les tordre longuement.

Vers les dix heures du matin, comme la pluie ralentissait un peu et que le ciel blanchissait, le géomètre vint chercher Raoul et Stéphane qui s'étaient engagés à creuser. Ils prirent une pioche, une hache et deux pelles. De larges pans de neige gelée et dégoulinante s'accrochaient aux souches. Dans les bas-fonds, l'eau montait à mi-bottes. En certains endroits, il fallait faire de larges détours en marchant sur les ronciers aplatis pour éviter de s'embourber.

Hector Lavallée s'arrêta, regarda autour de lui et dit :

— Là, vous pouvez y aller.

Ils se trouvaient sur une légère éminence où le sol dégagé avait commencé de se ressuyer. Le géomètre regarda Raoul tracer à la pioche les limites de la tombe, puis il les laissa.

La terre à moitié gelée collait aux outils. L'eau suintant des parois de la fosse les devançait dans leur descente. Jusqu'au fond elle les accompagna. Lorsqu'ils eurent terminé, Raoul observa :

— Faut pas attendre trop, sinon, ce sera plein de flotte, maudit !

Au campe, M. Ouimet avait déjà fait descendre la bière par deux bûcherons. Tous les hommes de la première équipe qui avaient connu le petit Georges se trouvaient là. Seul manquait le cuisinier qui venait d'emmener Louise dans sa cookerie pour lui apprendre à faire de la tarte au sucre.

Deux hommes portèrent le cercueil. Derrière eux, Luc Chabot et Dollard Pichette tenaient une chaise sur laquelle était assis Alban qui se cramponnait à leurs épaules. Catherine venait derrière entre son frère et Stéphane qui serraient ses bras de leurs mains encore terreuses.

Par deux ou par trois, les ouvriers piétinaient en file. Personne ne soufflait mot. Le bruit des pas dans la boue faisait penser à l'averse. Pourtant, alors qu'ils arrivaient en vue de la terre remuée, le ciel fut soudain lacéré par une lame de lumière qui balaya la forêt, parut chercher quelque chose dans l'immensité puis vint se fixer sur ce coin de terre.

Tête nue, leur tuque à la main, embarrassés de leurs bras habitués aux travaux pénibles, les bûcherons avaient formé le cercle autour de la tombe. On n'entendait plus que quelques clapotements de semelles.

Les porteurs posèrent la bière devant la fosse. Les autres déposèrent la chaise où était assis Alban. Ils la tenaient par le dossier pour éviter qu'elle ne s'enlise. Le visage du père était livide et son menton tremblait.

M. Ouimet s'avança, un missel à la main. Il s'arrêta à trois pas du cercueil. D'une voix qui vibrait un peu, il dit :

— Mon petit Georges, nous t'aimions tous. Tu savais te faire apprécier... Tu étais un bon enfant attentif à tes parents. Tu vas être le premier habitant de ce nouveau cimetière. Tu es le premier homme de la future ville que le Bon Dieu accueille dans son royaume. Nous ne savons pas encore quel nom portera la cité, mais je proposerai qu'en souvenir de toi, ce cimetière et l'église soient dédiés à saint Georges... Au nom de tous les hommes qui travaillent sur ce chantier, au nom de la compagnie que je représente, je voudrais exprimer à ceux qui pleurent leur fils, leur frère et leur neveu, une profonde sympathie. Je ne suis pas habile à trouver les mots, mais que ceux qui pleurent notre petit frère en le Christ sachent que nous partageons leur peine. Nous allons tous dire la prière des morts et le Je vous salue Marie.

Lorsqu'il se tut, plusieurs sanglots montèrent dans la lumière qui s'élargissait, puis on entendit des hommes se moucher.

Dans le bois, des oiseaux s'étaient mis à chanter.

M. Ouimet commença la prière et le bourdon des voix emplit bientôt l'espace, débordant sur la forêt, coulant jusqu'à l'Harricana en débâcle qui charriait à pleins bords ses eaux boueuses. Des souches arrachées aux rives, des amas de branchages passaient en tournoyant mêlés aux glaces brisées.

Les prières dites, les bûcherons descendirent le cercueil avec deux cordes. Du fond de la fosse monta un bruit d'eau qui faisait mal à entendre. Le petit Georges n'était plus protégé par le froid qui éloigne les miasmes et change en granit la chair des hommes; il venait d'entrer dans le royaume de la pourriture.

Les bûcherons retirèrent les cordes dégoulinantes. Le défilé commença des gens qui se signaient au passage.

Stéphane et Raoul étaient restés, mais deux bûcherons empoignèrent les pelles en disant :

– Allez, on fera.

Ils reprirent le sentier que tant de bottes avaient transformé en un ruisseau de glaise. Là-bas, devant eux, Luc et Dollard emportaient la chaise aux pieds salis sur laquelle Alban dodelinait doucement, les mains accrochées aux vêtements des porteurs, la tête enfoncée dans le col relevé de sa pelisse devenue trop grande pour lui.

TROISIÈME PARTIE

LES FEUX DE L'ÉTÉ

30

Sur toute l'étendue du pays, la terre se mit en mouvement. Carapace fiévreuse, elle se craquelait de toutes parts, soulevée par l'humeur que sécrétait un mal sans remède.

Le printemps venait d'éclater, pareil à un fruit gorgé de sucre. Saison courte, plus brutale que souriante, inquiétante à force de vigueur.

L'alternance d'averses orageuses et de forts coups de soleil brisait les marbres de l'hiver, les soulevait, hâtait la déroute de la saison glaciale. Les glaises solidifiées s'amollissaient, des crevasses s'ouvraient, l'humus noir s'effritait, les boues fumantes entraient en mouvement, déplaçant d'énormes blocs. Les clairières naturelles comme celles qu'avaient ouvertes les hommes s'inondaient de lumière éblouissante. Mues par une fièvre qui les travaillait de l'intérieur, elles semblaient vouloir s'évader de la prison des forêts. Sous les épinettes, des îlots de froidure subsistaient, accrochés à l'ombre, captifs attardés, fermés sur leur propre silence. La tiédeur qui montait des profondeurs sentait l'appel des feux du ciel. Coincées entre ces deux sources de chaleur, les neiges et les glaces sales basculaient en arrachant des herbes pourries. Elles montraient leur ventre terreux comme des bêtes à l'agonie, cherchant en vain le chemin de fuite vers des temps encore froids.

Fleuves, rivières et lacs craquaient dans un vacarme de cataclysme, soudain hérissés d'énormes banquises aux cassures de jade. Des pans de rivage en surplomb, larges comme une route et longs parfois de cent pieds, se détachaient lentement. Retenus par leurs chevelures souterraines, ils glissaient avec leur charge d'arbres et de buissons. Leur culbute avait la puissance qu'on connaît aux géants tranquilles qui luttent en force, sans maladresse. Ces blocs chaviraient, s'enfonçaient pour remonter en tournoyant, tout ruisselants de boue. Branches ou racines en l'air, ils étincelaient, pivotaient encore avant de se morceler pour se mêler au flot d'où émergeaient membres brisés et tignasses emmêlées descendus de forêts plus lointaines.

À mesure qu'elles déferlaient, les eaux se chargeaient de butin. De la ligne des crêtes jusqu'à la mer d'Hudsonie, le fleuve Abitibi, l'Harricana et les autres cours d'eau n'étaient plus qu'arrachements, déferlements, labours géants, remous énormes, onctueux et sournois. Les lacs retenaient leur dîme au passage. Le reste convergeait vers cette baie nourrie d'alluvions où les glaces commençaient aussi à se défaire.

Ainsi une partie du continent, chaque année, depuis des millénaires s'en va-t-elle à la mer sans qu'il y paraisse vraiment autrement que dans ce mouvement.

Dans ces convulsions de la terre, dans ce délire des eaux, des milliers de révoltes et de drames.

Terriers effondrés, galeries détruites, couloirs obstrués, taupinières noyées, tanières inondées, nids emportés, antres écrasés, refuges à la dérive sur des îlots flottants pris dans des tourbillons, tout semblait saisi de folie. De la fourmi à l'orignal, du carcajou à l'ours noir, du lièvre des neiges au loup solitaire, c'était la fuite, la peur, la course éperdue, la recherche fébrile du coin de sol encore à peu près ferme, solide sous la patte. Les larves elles-mêmes s'enfonçaient davantage dans la vase, délaissant le corps spongieux des mousses que le flot ébranlait.

Leurs barrages emportés, les castors s'affolaient.

Sur cette démence, une autre venait se greffer. L'époque des chaleurs internes, le printemps des glandes, le rut.

Née du soleil et de la lune, montait cette merveilleuse douleur qui fait soupirer, gémir, bramer; courir et trépigner; mordre et lécher. La fureur de reproduction unissait les corps dans la boue, les collait l'un à l'autre sur les tapis de feuilles pourrissantes, entre l'aubier et l'écorce, parmi les lichens, dans la profondeur des lacs et des rivières. Aux feux des crépuscules répondait un embrasement des corps au pelage écumant, à la langue pendante, au sexe pétrifié ou suintant.

Dans les branchages, au sein des fourrés, à

tous les étages du ciel : la pariade. Les appels, les chants, la parade d'amour.

Bien plus haut encore dans les airs, le retour des migrateurs indifférents au bouleversement de la terre, portés par un azur tout neuf.

Le temps était venu de la montée du sang dans les membres encore gourds des arbres étonnés. Les bourgeons s'alourdissaient. Des taches de neige molle demeuraient dans les bas-fonds que déjà les premiers saules se poudraient d'un frisson vert tendre.

Les humains encore bottés commençaient à se dépouiller de leurs fourrures. Autour des cabanes et des campes, ils creusaient des fossés, poussant vers la crue des rivières le ruissellement des toitures. Plus pressés que les saisons, ils brisaient à coups de pic les glaces amoncelées, chassant l'hiver loin des demeures au pied desquelles clapotaient les fossés. Les tas de neige le long des chemins et de chaque côté des seuils prenaient l'aspect d'énormes éponges noirâtres qui s'effritaient à longueur de journée, se durcissant encore durant les nuits.

Au bord de l'Harricana, sous les arbres déjà feuillés qu'habitaient des nuées de mouches noires, de moustiques et de maringouins, la Saint-Barnabé trouva les dernières traces de l'hiver.

Le retour de la chaleur fut marqué par l'arrivée des grosses équipes de travailleurs pour la finition de la ligne, l'implantation des gares et la construction des ponts. Par la tranchée à présent ouverte dans les deux directions, ils venaient aussi bien de Québec que de l'Ouest. Les campes de bois rond se bâtissaient sur les deux rives. À mesure que le fleuve baissait, ses eaux moins turbulentes abandonnaient sur les berges leur cargaison forestière pour se charger de barques, de bacs, de canots. Des câbles tendus entre les rives facilitaient le passage. Le contact rompu par la débâcle des glaces put être rétabli entre les gens des deux bords. Au chantier, la cookerie fut doublée d'un deuxième bâtiment; trois aides vinrent renforcer l'équipe de Graillon. Les soirées s'étirant, le bruit gagna sur les nuits, mêlant les chants et les rires aux boucanes montant des tas de branchages allumés pour tenter d'éloigner la vermine piquante et bourdonnante.

Plusieurs ingénieurs, puis quelques ouvriers firent venir leur famille. Un jour, un évêque retroussé, crotté jusqu'aux épaules arriva pour marquer l'emplacement d'une église à bâtir. Célébrant la messe en plein air devant les gens de la voie et du pont, il dit que le Bon Dieu attendait d'eux sa maison. Ils devaient l'édifier en prenant sur leurs heures de campos. La paroisse qui naissait ici serait baptisée Saint-Georges-d'Harricana en souvenir du premier mort enterré dans le cimetière. Cet enfant courageux avait franchi à pied la ligne de partage des eaux et descendu le fleuve en direction de ces terres du Nord ouvertes à la colonisation. Selon le prélat, Georges était mort pour ouvrir une voie nouvelle. Il était venu jusque-là, il avait souffert et donné sa vie pour qu'un pays tout neuf et infiniment riche fût offert à des milliers d'enfants heureux.

En attendant qu'une véritable église se dresse au cœur de Saint-Georges-d'Harricana, on monterait deux baraquements. L'un ferait office de chapelle, l'autre de presbytère. Car l'évêque avait amené avec lui un jeune prêtre frêle et remuant, au regard d'oiseau traqué. Monseigneur annonça également la venue de deux religieuses, une soignante et une enseignante. Pour elles aussi il faudrait bâtir et bientôt penser à l'école.

Tout au long de milliers de milles, d'autres chantiers s'ouvraient, d'autres cités naissaient, d'autres gares se construisaient. Dans les plaines, dans les vallées, dans les montagnes. Un interminable ruban de vie se déroulait lentement. Des centaines d'hommes y travaillaient, arrachant sans relâche à la forêt inépuisable tout le bois des hangars, des maisons, des traverses et des ponts. Celui des églises aussi, des demeures paroissiales et de tout ce qu'il faut édifier pour que vive une cité.

D'un océan à l'autre, la compagnie du Grand Chemin de fer Transcontinental avait ouvert le plus long chantier que le monde eût jamais vu. Tout s'effectuait à la chaîne. À mesure que des équipes abattaient les arbres, d'autres les débitaient pour les livrer aux équarrisseurs. Et les équarrisseurs taillaient les traverses que plaçaient les poseurs. Ceux-là étaient les vrais hommes de la voie; gens de l'alliance du fer et du bois, travailleurs du marteau et des clous, de la clef anglaise et des boulons; capables d'installer les aiguillages les plus compliqués aux endroits où se croiseraient les convois; de dresser des signaux et des sémaphores.

Autour d'eux la forêt était en émoi. L'air sonnait, tintait, crépitait, ferraillait ou crissait sous leurs efforts. Des appels, des coups de trompe ou de sifflet troublaient une existence sereine que seul avait marquée depuis des millénaires le rythme des saisons.

À mesure qu'avançait le double serpent de métal luisant, les matériaux arrivaient plus vite et le personnel avec eux. Mus par de grandes pompes à balancier, les handcars roulaient à toute allure. Sans oser s'approcher, de vieux Indiens regardaient ces inquiétantes machines sur lesquelles se démenaient des hommes, ces engins qui filaient sans que nul les pousse ni les tire. Leur passage préludait à l'arrivée des vraies locomotives, monstres qui portent dans leur ventre de cuivre et d'acier la force conjuguée du feu et de l'eau.

À l'éveil de la nature, s'ajoutait cette activité des hommes. Elle apportait sur l'Abitibi un lot nouveau de joie et de souffrance, un fardeau de douleur, de peine et d'espérance.

Tout près de l'Harricana, à mi-distance entre la ville naissante et la lisière de la forêt vaincue sans cesse en recul, cachée à la vue par des pousses vertes renaissant des souches, une petite tombe d'enfant portait la première croix plantée ici. Dans un pot à confiture à demi enfoncé en terre, quelques spirées en fleur semaient au vent leurs pétales blancs.

31

Le petit curé venait chaque jour rendre visite aux Robillard. Passant le nez à l'intérieur de la buanderie dont les buées semblaient l'effrayer autant que les fumées de l'enfer, il demandait si tout allait bien. Il lançait un mot d'encouragement et courait s'asseoir un moment vers Alban. C'était peut-être le seul répit que s'accordait cet être remuant dont le vol noir claquait de l'aube à la nuit close d'un bord à l'autre des chantiers.

Cet être survolté ne s'arrêtait qu'à côté de l'infirme vissé à son siège.

L'ancien laboureur s'était improvisé vannier, cordonnier, réparateur de tout ce qui pouvait être usé, percé ou cassé. Pour compléter son outillage très sommaire, M. Ouimet lui avait fait apporter de Québec un col-de-cygne et un pied-droit, plusieurs marteaux de différentes tailles, un tire-pied, des tranchets, des alênes, du ligneul, de la poix, du cuir et quelques paquets de clous. Avec son père, dans ce temps où l'homme des fermes isolées devait savoir se débrouiller seul, Alban avait appris mille secrets. Prisonnier de ses articulations bloquées, il perfectionnait son savoir. Chaque jour ses mains devenaient plus habiles.

Le curé s'émerveillait. Sous son apparente fragilité, il cachait une belle vigueur et un grand besoin de dépense physique.

— Moi, disait-il, on peut me demander tout ce qu'on veut de pénible, je fais à la mesure de ma force. En revanche, rien de délicat. Je suis adroit comme un cheval qui voudrait faire de la dentelle. Je ne suis pas comme vous, Alban, vous pouvez demander à vos mains n'importe quel prodige.

Ce soir-là, peut-être parce qu'il avait fait depuis l'aube un temps qui donnait envie de travailler la terre, Alban reçut le prêtre avec un regard plein de tristesse.

— Tout de même, soupira-t-il, pas seulement pouvoir m'occuper du jardin ! Moi qui étais si leste autrefois.

Le curé lui posa la main sur la nuque et le secoua un peu en lançant :

— Allons, allons ! C'est pas à le voir sauter qu'on juge un crapaud. Tout le monde peut bêcher ou piocher, je ne connais personne ici qui soit capable de vous remplacer. Ne croyez-vous pas qu'il y a quelque chose de merveilleux dans votre besogne ? Passer son temps à réparer des chaussures alors qu'on ne peut pas marcher !

Il avait prononcé les dernières phrases sur un ton de gravité. Alban eut un hochement de tête, hésita un moment, mais finit par murmurer :

— Merveilleux, merveilleux. Vous, alors...

– Je sais, mon vieux. Vous n'avez pas la
vie que vous voudriez, mais voyez donc le
pire. Un accident aurait tout aussi bien pu
vous priver de vos mains. Vous voyez-vous
à la charge des vôtres ? Je ne suis pas comp-
table, et vos petites affaires ne me regardent
pas, mais je crois bien que vous n'êtes pas
loin de faire autant de sous avec votre cordonnerie que votre femme avec sa laverie.
Dès que vous aurez le magasin, Alban, vous
verrez du monde. Vous pourrez même tenir
la caisse quand vous serez tanné de planter
des clous.

Contre la fenêtre, Stéphane et Raoul avaient
installé un établi avec une avancée de rayonnages de chaque côté. Assis sur une chaise
basse où il pliait un sac en quatre pour plus
de confort, Alban se trouvait au centre de son
petit univers. À droite, il avait tout ce qu'il
lui fallait pour sa cordonnerie, à gauche des
osiers pour les corbeilles et les paniers. Devant,
s'étalait l'outillage. Les clous se trouvaient
dans une caissette à compartiments qu'il avait
fabriquée et montée sur un axe de manière à
pouvoir la faire tourner. Ainsi trouvait-il toujours à portée de main la grosseur de pointe
qu'il désirait. Depuis que l'école était ouverte,
Louise s'y rendait régulièrement. Elle y retrou-
vait trois fillettes et deux garçons auxquels se
joignaient parfois de jeunes Indiens de passage. De sa fenêtre, Alban voyait couler le
fleuve où la vie devenait chaque jour plus
intense. Lui restait là, dans ses odeurs de cuir
trempé, de poix et de colle, à tirer le ligneul
ou à planter des semences minuscules que ses

gros doigts noircis prenaient avec une délicatesse surprenante.

Le prêtre l'observa un moment, puis, profitant qu'il s'arrêtait de battre une semelle pour la remettre à tremper dans une vieille cuvette, il dit :

— Alban, savez-vous que c'est pour la semaine prochaine ?

Le cordonnier leva la tête.

— Quoi donc ?

— Vous ne devinez pas ?

— Ma foi.

— Le premier train, voyons ! Le premier train, Alban ! C'est ce que je viens vous annoncer !

Le regard du prêtre s'était éclairé. Quand la joie pétillait, ses yeux très enfoncés dans les orbites donnaient l'impression d'un feu brasillant au fond d'une caverne.

— Je vois pas comment ça pourrait se faire, dit Alban. Le pont est loin d'être terminé.

De sa fenêtre, il pouvait suivre la progression des travaux. Les deux charpentes avançaient lentement, lancées à la rencontre l'une de l'autre en travers de l'Harricana. Alban avait même vu un contremaître qu'il connaissait bien, un nommé Gustave Courbière, tomber du haut de l'entrelacs de poutres et se fracasser le crâne sur la proue d'une barge. Depuis, le petit Georges n'était plus le seul habitant du cimetière.

Tout heureux de provoquer l'étonnement, le curé expliqua que la ligne allait finir le pont toute seule.

— Qu'est-ce que vous me racontez là !

– La voie est terminée de ce côté. Elle va l'être en face. Je peux même vous dire que trois équipes de charpentiers sont arrivées ce matin, une de l'est et deux de l'ouest.

– Je les ai vues.

– Bon. Les locomotives vont venir de chaque côté. Et c'est elles qui vont achever le pont. On va amener des engins énormes. Une grue, une chèvre, je ne sais trop quoi. Je n'y connais rien. Ce qui est certain, mon fils, c'est que le premier train en provenance de Québec et celui de Cochrane arriveront à la fin de la semaine prochaine. Et en même temps, encore. Oui, oui, tous les deux en même temps. C'est M. Ouimet qui l'a annoncé. Vous êtes le premier à qui je le dis, cordonnier !

Il était vraiment très excité. En parlant, il ne cessait de se pencher au-dessus de l'établi pour lorgner vers le pont, comme s'il eût espéré le voir pousser tout seul. Ses mains sèches voltigeaient, semblant chasser loin de lui les mots de son discours un peu bousculé.

– Vous savez, Alban, on va faire une grande fête.

Il s'arrêta, lança un regard par la porte grande ouverte, se pencha vers le cordonnier et ajouta beaucoup plus bas :

– Une belle grande fête. Et j'ai pensé à quelque chose.

Intrigué, Alban posa au creux de son tablier de sac la pierre douce et le tranchet qu'il venait de prendre.

– Quoi donc ?

– Eh bien, on pourrait faire trois inaugurations le même jour. Trois, vous entendez ? C'est pas rien !

Il souriait, tout agité d'une fièvre qui faisait tressauter les tendons de son cou maigre.

– Allons, mon ami, vous ne devinez pas ?

– Votre chapelle, mon père ?

– Bien entendu. Je ne dirai plus la messe dans une baraque. J'ai ma chapelle, Alban. Avec un clocher et peut-être que le premier train va m'amener ma cloche.

Il riait comme un enfant. Il marcha jusqu'à la porte, regarda dehors et, s'étant penché, il appela :

– Raoul ! Monsieur Raoul ! Avez-vous une minute ?

Lorsqu'il criait, sa voix faisait la crécelle. Il revint près d'Alban et resta debout, dans l'attente. Laissant couler un long filet de salive sur sa meule, le cordonnier se mit à aiguiser son tranchet luisant. Le bruit de l'acier sur la pierre noire était un chant très doux. Raoul entra et demanda :

– Qu'est-ce que vous me voulez, Monseigneur ?

– Arrêtez vos plaisanteries stupides, Herman. Et écoutez-moi. Samedi en huit, vous ouvrirez votre magasin.

– Samedi de la semaine qui vient ?

– Oui.

Raoul eut une hésitation, puis, partant d'un vaste éclat de rire, il lança :

– Pas besoin de l'ouvrir, y sera pas fermé !

– Pas fermé...

– Y aura ni porte, ni fenêtre, ni foutre rien du tout, l'abbé. Faut pas rigoler. On n'est pas des machines, nous autres ! Même pas des faiseurs de miracles !

Le petit curé s'approcha du grand coureur de bois. Le prenant par la manche, il se mit à le secouer nerveusement en martelant ses mots. On eût dit que sa langue battait la semelle.

– Écoutez bien, monsieur Herman. Aussi vrai que je suis prêtre, que je me nomme Levé et non pas l'évêque comme vous vous plaisez à le chanter partout, vous ouvrirez le magasin général de votre sœur samedi prochain... jour de passage du premier train et d'inauguration de la...

Il ne put achever. L'empoignant par les deux bras, le coureur de bois le souleva de terre comme un enfant en criant :

– Quoi ? Qu'est-ce que vous dites, l'abbé ? Le train samedi ? Merde de merde, faut me trouver du monde ! Mille dieux ! Si on ouvre pas ce jour-là, j' suis déshonoré et brouillé à vie avec ma cinglée de frangine !

– N'en profitez pas pour jurer le nom de Dieu. Je vous punirai, Herman !

– D'accord, curé. Après ! Mais en attendant, faut me trouver du monde. À commencer par vous...

– J'en étais sûr. Je suis venu pour ça. Ordonnez, mon fils, je suis votre homme.

C'était comme si un ouragan eût soudain traversé la maison. Raoul sortit en braillant :

– Catherine ! Stéphane ! Faut qu'on ouvre

242

samedi prochain. Le premier train arrive. C'est comme s'il était là. L'évêque va nous donner la main. Y va nous trouver des gens.

Sa voix se perdit. Il venait d'entrer dans la buanderie.

Lorsque le prêtre revint vers Alban, celui-ci avait posé sa pierre et son tranchet. Les mains sur ses genoux, le regard perdu vers la rivière, il se tenait roide. De grosses larmes coulaient le long de ses joues creuses, s'accrochant aux poils de la barbe mal faite. Le prêtre vint se planter derrière sa chaise. Posant ses mains sur ses épaules, d'une voix soudain devenue soyeuse, il dit :

— Votre petit ne sera pas là pour partager cette joie. Je sais : le bonheur fait mal lorsque ceux que l'on aime ne sont plus là pour en recevoir leur part... Mais les autres, Alban. Les autres vivent. Et Georges vous voit. Il vous aime. Il vous aidera.

Le prêtre marqua une pause. Il pressa les épaules du cordonnier puis, lentement, il retourna s'asseoir.

— Je vais aller leur donner la main. D'autres viendront après leur travail. Je le sais. Ils vous estiment, tous ces hommes. Vous étiez les premiers. Les premiers à avoir osé.

Il soupira, puis, sur un ton plus enjoué, se levant soudain, il ajouta :

— Je vais me placer sous les ordres de votre maboul de beau-frère. Celui-là est vraiment fou. Heureusement, aujourd'hui, c'est une très bonne folie qui le tient. Il faut en profiter avant qu'une autre le prenne et l'entraîne aux cinq cents diables. Je vais personnellement m'occuper de votre échoppe, cordonnier, vous y serez comme un prince ! Un prince du travail !

32

Depuis que l'on avait annoncé l'arrivée du premier train, une folie les tenait. Jaillie de la forêt environnante, elle empoignait à la manière d'une épidémie. Nul ne pouvait lui échapper.

Entre les divers chantiers de la voie, de la gare et du pont, par équipes renforcées, plus d'une centaine d'hommes s'affairaient de l'aube au crépuscule. Dans les matins blancs de rosée, sous le terrible soleil de midi, dans l'air crissant des crépuscules de sang et d'or, en dépit des nuées tourbillonnantes de moustiques et de mouches noires, ils poursuivaient leur besogne. Mal protégés par des mouchoirs déployés sous leurs chapeaux à large bord, ruisselants de sueur, ils charriaient, levaient, portaient, chargeaient, déchargeaient, sciaient, perçaient, équarrissaient, ajustaient, emboîtaient, vissaient, boulonnaient, clouaient, chevillaient, dressaient poutres et madriers, piliers, plateaux, poteaux et aiguillages, contre-boutants, jambes de force, rails et platelages.

Tout s'élevait, se dressait, s'allongeait, se

bâtissait, prenait forme et couleur. Les derniers milles de voie ferrée enfin posés permettaient à des wagonnets d'amener du matériel à pied d'œuvre. Une vraie locomotive poussa même jusqu'au bout des rails une mécanique énorme. Cet appareil à la fois ventru et squelettique se mit à lâcher de la fumée par sa longue cheminée et de la vapeur par ses soupapes. Il commença de gémir, de frissonner en secouant ses tubulures qui crachaient blanc par vingt fissures inquiétantes. Un bras géant tendu au-dessus des eaux de l'Harricana laissait choir puis remontait une énorme masse de fer cognant sur des troncs d'arbres qu'elle enfonçait dans le lit du fleuve aussi vite qu'un paysan plante un pieu de clôture. Le bruit de sa respiration saccadée, hachée par ses coups, était énorme. Il semblait déferler sur la forêt apeurée jusqu'aux limites extrêmes de la vision. Lorsqu'il cessait, un vide étrange s'installait. Un long moment s'écoulait avant que la forêt ne retrouvât sa vie.

De sa fenêtre, Alban suivait ces travaux de titans. Chaque mouvement, chaque bruit se répercutait en son immobilité. L'homme assis vibrait de toute sa carcasse avec la terre ébranlée, remuée jusque dans ses fondements. La fièvre venait à lui, elle le pénétrait mais sans qu'il pût répondre vraiment à son appel. Il restait captif de l'hiver qui avait coulé son poison dans ses jambes. Le monde se bâtissait autour de sa demeure où il menait une existence recluse, enfonçant dans le cuir des pointes dérisoires tandis que l'on plantait dans la terre des arbres entiers.

Raoul et Stéphane, debout sur la faîtière du futur magasin général qu'ils étaient en train de couvrir, s'arrêtaient parfois pour lancer un regard aux charpentiers achevant la toiture de la gare.

— C'est pas mieux que nous, disait Stéphane.

— Les vaches, y vont plus vite !

— Y sont six. Des gens du métier, en plus !

Catherine quittait ses lessiveuses, le temps de crier :

— Y vont venir deux heures ce soir. Le chef de chantier m'a promis !

Tout se faisait à une vitesse qui tenait du prodige. Pourtant, on parlait beaucoup. Les nouvelles circulaient d'une rive à l'autre du fleuve sillonné de barques et traversé de câbles où se balançaient d'énormes pièces de bois.

— Paraît qu'on va avoir un ministre.

— Et le directeur de la compagnie.

— Le téléphone sera posé demain soir.

— L'évêque de Québec viendra pour l'église.

Les ingénieurs se déplaçaient sans cesse. Quand l'un d'eux entrait à la laverie déposer son baluchon de linge et en reprendre un autre, Catherine questionnait :

— Est-ce que vous savez si un train va monter des paquets avant samedi ?

Les uns l'affirmaient, les autres disaient que ça ne paraissait guère possible. Calmement, M. Ouimet promettait :

— Je vous ai juré que vous auriez une première livraison jeudi, vous l'aurez. M'est-il déjà arrivé de vous raconter des histoires ?

M. Ouimet ne mentait pas. Le jeudi vers le milieu de l'après-midi, une locomotive marchant à reculons poussa trois wagons plats jusqu'à la gare. Sa cloche fit lever le nez à tout le monde. Alban cria de sa place :

– Voilà un train !

Catherine jaillit de sa laverie en clamant :

– Ma livraison ! Voilà ma livraison !

La petite Louise qui sortait de l'école arriva en courant. Elle appelait :

– M'man, m'man. V'là le train !

Dégringolant du toit, Raoul bondit vers Alban.

– Tu veux que je t'emporte ?

– Non non, sacrebleu. J'attendrai bien samedi. J'ai déjà vu des trains dans ma vie. Va vite voir si le fourbi est là... J'ai commandé du cuir !

Raoul enleva Louise d'un large geste de faucheur et, la lançant comme un paquet en travers de ses épaules, il détala sur les traces de sa sœur et de Stéphane.

La marchandise était bien là. Elle tenait le quart du deuxième wagon. Dix-sept caisses en tout, de différentes tailles. Des belles caisses en bois tout neuf sur lequel d'énormes lettres noires indiquaient : Savon. Draps. Vaisselle. Chaussures. Outils. Conserves. Pâtes. Chocolat. Etc. Sans compter les sacs de sucre, de blé, de farine, ainsi qu'une balance à plateaux de cuivre dont on devinait les formes anguleuses sous son emballage de toile à sac.

Déjà les ouvriers commençaient le débarquement des matériaux occupant le reste des plates-formes. Au chauffeur, noir comme un ramoneur, Catherine demanda :

– Combien de temps on a, pour décharger notre fourbi ?

– Toute la nuit si tu veux, la belle. Mais tu me fais une place dans ton lit.

Il y eut des éclats de rire. Catherine allait répliquer lorsque le curé qui arrivait tout essoufflé lança :

– Qu'est-ce que c'est que ces manières ! Vous n'avez pas honte, vous, le mâchuré, de parler ainsi à une honorable mère de famille ?

– C'est un rustre, mon père, cria le mécanicien.

– Alors, fit le prêtre, combien nous laissez-vous de temps ?

– Au moins deux heures, faut qu'on refasse de l'eau.

La pompe à long bras pivotant n'était pas encore en état d'abreuver la machine et les hommes devaient former une corvée jusqu'au fleuve pour porter l'eau au seau.

– Allons, lança le prêtre, ne traînons pas.

Déjà il faisait basculer sur son dos une première caisse et partait courbé en avant, d'un petit pas saccadé.

– Il ira pas au bout; votre curé, railla le chauffeur.

– T'inquiète pas, fit Raoul, y a le Bon Dieu qui lui prête la main depuis là-haut !

– T'as vu ce qu'il a pris, votre curé. C'est le péché de gourmandise qui le travaille.

Le prêtre ployait sous une caisse qui portait en lettres énormes l'inscription : « Biscuits fins ».

Il y eut un grand rire.

Raoul se chargea de la caisse marquée outillage et qui pesait fort lourd. Catherine emporta les épices, Stéphane des pâtes alimentaires. Il semblait que la joie donnait des forces à tout le monde et allégeait les charges.

– Fais fumer ta machine, criaient les débardeurs au chauffeur, tu chasses les maringouins !

– Je suis venu exprès pour ça !

– Samedi, tu passeras le pont !

– J'espère qu'y va pas s'écrouler !

– Il en porterait dix comme toi !

Ce soir-là, à la lueur des lampes à huile, les Robillard restèrent fort tard dans le magasin à déclouer des caisses, à empiler sur les rayons les morceaux de savon, les pains de sucre, les boîtes de poivre, les sacs de sel, les godillots qui sentaient bon le cuir neuf. Ils avaient apporté Alban sur sa chaise et l'avaient installé à l'endroit où serait la caisse. C'était lui qui avait tout pensé d'avance. Il leur disait :

– Ça ici. Ça plus loin. Ce qui est petit le plus près possible que je puisse surveiller. Tout ça derrière la banque. Non, le sel près de la balance. La farine sur le double plancher et le sucre aussi, ça craint l'humidité.

La petite Louise finit par s'endormir sur la large banque de bois. Sa mère la recouvrit d'une toile à rideau.

– Tu pourrais la laisser, dit Raoul. Je vais coucher ici. Tant que les serrures sont pas posées, vaut mieux se méfier.

Il faisait lourd. La chaleur était entrée là tout le jour et demeurait sous les planches de la toiture recouvertes de papier goudronné. Autour des quatre lampes à mèche suspendues à la poutre centrale, des nuées de moustiques tourbillonnaient sans cesse. De grosses noctuelles jaune et roux bousculaient ces nuées incolores de leurs ailes poussiéreuses et s'en allaient buter du nez contre les verres ou les abat-jour de métal blanc qui tintaient.

La fatigue pesait sur les épaules, mais nul ne parlait de cesser le travail tant qu'il restait une caisse à ouvrir.

Le petit curé était venu les rejoindre. Il remuait plus que les autres. De temps en temps il glapissait :

— Si Monseigneur me voyait travailler pour les marchands, il me tirerait les oreilles, c'est certain !

Ce fut lui qui tint à organiser le rayon de vannerie. Avec beaucoup d'application, il planta des clous dans les murs de rondins pour suspendre les corbeilles et les paniers qu'Alban avait tressés depuis trois mois.

À côté de la caisse, ils installèrent l'échoppe de cordonnerie et les osiers.

— Dans les heures creuses, dit Raoul, tu pourras t'occuper.

— J'espère qu'il y en aura pas trop.

— Au fond, c'est toi qui vas travailler le plus, mon pauvre homme, dit Catherine.

Alban les regardait aller et venir depuis cette petite prison d'établi et de rayonnages où il mettait en place ses clous et ses outils. Juste au-dessus de lui, une lampe plus grosse que les autres donnait une forte lumière blanche qui tombait franc sur son travail. Comme le prêtre venait lui apporter du cuir arrivé dans l'une des caisses, le cordonnier ne put s'empêcher de dire :

– C'est vrai que je serai bien, ici. Tout de même, la terre me manque, vous savez. J'avais tellement rêvé d'un lot pour mon petit Georges, plus tard.

Sa voix s'étrangla. L'abbé posa son rouleau luisant et odorant sur l'établi, puis, s'asseyant d'une fesse sur l'angle de la banque, il croisa les bras et dit doucement :

– Vous avez deux enfants, Alban. Et une femme pleine de courage. C'est pour eux qu'il faut tenir. Ici, vous allez vous trouver au cœur de ce qui sera leur vie... Leur avenir... Au cœur de leur avenir, mon fils !

Le curé le laissa pour continuer de ranger des marchandises. Raoul s'approcha et dit à mi-voix :

– Le petit Georges, vous pouvez pas savoir, c'était son portrait tout craché. Les mêmes manières. Des idées toutes pareilles aux siennes avec le goût de la culture et ce besoin de faire de la terre. La même maladie, quoi !

– Je l'ai bien deviné, vous savez. Les hommes voudraient être immortels en ce monde. Dès qu'un enfant partage leurs aspirations, ils le voient les prolongeant indéfiniment. Mais l'éternité, ce n'est pas là qu'elle se situe.

Ils se démenaient comme des possédés dans cette nuit étouffante et crissante de tous les insectes de la forêt que les lampes attiraient ici. Lorsque la besogne les rapprochait quelques minutes, ils parlaient de la qualité des conserves de bœuf, de la bonté du Tout-Puissant, de l'avenir des chemins de fer, de la nécessité de vendre de bonnes chaussures aux travailleurs des chantiers.

À mesure que la nuit s'avançait vers le jour, cette folie de travail, d'organisation et de rangement s'intensifiait. Leur ballet se développait sans cesse d'un bout à l'autre de la maison selon des itinéraires qui, déjà, commençaient à s'inscrire en eux à la manière de vieilles habitudes. La fatigue pesait, mais elle était moins forte que le désir de mener à son terme ce rêve si longtemps nourri d'espérance tout au long du terrible hiver.

Cette nuit de travail fiévreux entrait dans la joie de l'été comme la mort du petit Georges avait pris place dans les souffrances de la saison dure.

33

Stéphane et Raoul avaient emporté Alban
sur sa chaise, à la maison, suivis par Catherine
qui tenait la petite Louise dans ses bras. Puis,
son père couché, le garçon avait voulu revenir
dormir au magasin avec le coureur de bois.

Le silence était sorti de la forêt pour
assiéger les maisons. Çà et là, des feux de
verdure continuaient de se consumer, enfu-
mant tout, chassant mal la vermine qui montait des eaux. C'était le temps des nuits courtes, jamais vraiment obscures. Une clarté de
lait imprégnait la forêt, coulant jusqu'à l'intérieur du baraquement où, les lampes étein-
tes, stagnait l'odeur du pétrole mêlée au
parfum âcre des boucanes.

Les deux hommes avaient déroulé leur couchage, Stéphane sur la banque et Raoul à
même le plancher, au milieu de la pièce. Immobiles, remuant seulement pour se claquer de
temps en temps le front ou une joue, ils devi-
naient cette vaste pièce où ils avaient installé
tant de rayons que, malgré l'arrivage des den-
rées, elle paraissait encore vide.

– Va en falloir, de la marchandise, pour remplir ça, observa Stéphane.

– C'est sûr, seulement faut attendre un petit peu. Ça fait déjà gros d'avance. Et les intérêts sont pas donnés.

– Toi, demanda le garçon, tu crois vraiment qu'on peut vivre tous sur une affaire de même ?

– Avec la laverie, les godasses, si toi tu arrives à t'occuper comme y faut du magasin, vous devriez vous en tirer pas mal.

Stéphane se souleva sur un coude et s'inclina au bord de la banque pour regarder vers le sol, en direction de son oncle dont seuls les yeux apparaissaient entre le haut du sac de toile et le rebord d'un bonnet de laine.

– Et toi, demanda-t-il, qu'est-ce que tu veux faire ?

Raoul hésita. Il remua un peu sans se découvrir. Le plancher craqua sous son poids déplacé. Là-bas, par l'entrée où la porte n'avait pas encore été posée, on voyait miroiter le fleuve, juste en aval du pont en construction. Des remous se creusaient, emportés par le courant.

– Moi, finit par répondre le trappeur, je peux jamais moisir des éternités au même endroit. Je vais rester avec vous le temps que le commerce soit bien parti. Quand ça tournera rond, je reprendrai la piste.

– T'as de la veine, soupira le garçon.

– Y a des jours où je me le demande. Mais c'est comme ça, on peut pas discuter.

– T'iras où ?

– Écoute-moi bien, petit, ce que je vais te confier, j'en ai encore parlé à personne. Faut

que ça reste entre nous. Je veux même pas
que t'en souffles mot à tes parents.

— Juré. J'dirai rien.

Raoul remua encore, puis il demeura silencieux, écoutant la lente reptation de la nuit
sur la toiture neuve. Stéphane écoutait aussi.

— La traite des fourrures, reprit l'oncle, c'est
plus ce que c'était quand j'ai commencé. Faut
trouver mieux... Je crois bien que j'ai trouvé.

Il se donna quelques instants. Il semblait
hésiter encore. Tendu, Stéphane demeurait la
joue gauche posée sur le bois de la banque,
n'osant ni remuer ni questionner. Loin, sur
l'autre rive, des chouettes s'appelaient. Déjà
la lueur du jour grandissait, à peine verdâtre
en direction du nord. Enfin, Raoul se décida.

— Est-ce que tu te souviens de Jean-Bap-
tiste ?

— Le costaud qu'est venu te voir en avril ?

— Oui. Lui.

— Ce qu'il peut bouffer, ce gars-là.

— Y boit pas mal aussi. Mais c'est un bon
type. Franc du collier et tout. Tu peux lui
demander sa chemise, si t'as froid y te la
donnera. J'ai commencé avec lui, sur les
canots. Figure-toi que quand il est venu, c'était
pour me demander de m'associer... Il a découvert de l'or.

Le mot demeura un moment entre eux,
lumineux comme un bel astre ; tout enveloppé
d'une auréole de silence.

— Où ça ? demanda le garçon dans un souffle.

— J'sais même pas exactement. Tu comprends, comme je pouvais pas aller avec lui

tout de suite, je préférais qu'il me dise rien.
D'autant qu'il est pas tout seul. Y a déjà un
gars avec lui. Je sais seulement que c'est au
nord, à une bonne journée d'ici... Paraît que
ça se tient dans un coin où personne avait
jamais eu idée de chercher.

— Tu crois qu'il te prendra avec lui ?

— Ce gars-là, c'est un frère pour moi. Si
d'ici deux mois je peux me tirer, j'suis certain
qu'il m'aura attendu. Une mine, tu sais, ça
se met pas en exploitation comme ça. Faut
des tas de machins. Des papiers et tout.

L'oncle se tut, remua encore comme s'il
cherchait sa position de sommeil. D'une voix
où perçait l'envie, Stéphane laissa aller :

— T'as vraiment de la veine, toi !

— Tu sais très bien que si ça marche, je me
démerderai pour te prendre avec moi. J'te
connais, mon gars, je te vois pas une âme
d'épicier.

Avec un ricanement aigre, martelant du
poing le bois de la banque toute neuve, le
garçon lança :

— Tu vois bien que me voilà poigné avec
ce foutu magasin de merde !

L'oncle se mit à rire.

— T'es maboul, non ! Y a une heure, t'étais
fou de joie à l'idée qu'on allait ouvrir cette
boutique, à présent tu serais prêt à y foutre
le feu. Faut pas déconner. Tes parents ont
besoin. Moi non plus, ça me sourit guère de
vendre des nouilles. Faut pas abandonner le
truc avant que ce soit lancé. Quand ça tournera
bien rond, y trouveront autant de monde qu'ils
voudront pour se faire aider. (Il rit.) Je connais

ta mère, elle a pas plus envie de passer sa vie à lessiver des liquettes que t'as envie de tenir un comptoir. Si ça s'emmanche comme j'espère, avant une année je la vois en bottines à boutons en train de diriger une volée de vendeuses. Et peut-être que d'ici dix ans t'auras autant de magasins Robillard dans le Nord que t'as d'Eaton's dans le reste du Canada.

Il eut encore un petit rire pour ajouter avec une nuance de tendresse :

— Ton père, y fera plus que des bottes de grand luxe en peau de crocodile pour les gens comme nous qui auront des mines d'or.

— Tu crois vraiment que tu pourras m'emmener ?

— Je crois pas, mon vieux Steph, j'suis certain. T'es pas fait pour être entre quatre murs. Et puis, tu ressembles trop à ta mère pour rester avec elle. Je donnerais pas longtemps avant que vous vous balanciez les pots de mélasse à travers le portrait.

Ils se mirent à rire tous les deux. L'aube avait grandi. L'heure du sommeil s'en était allée en les laissant de côté. Raoul s'étira en grognant, s'assit, regarda vers le fleuve dont les eaux partageaient en deux ce qui restait de pénombre collée à la terre.

— J'vais faire du thé, fit-il, et j'ferai un tour au bois.

— J'vais avec toi !

Le garçon bondit sur le plancher sonore. Un jour de joie se levait avec eux.

34

Pour aller du Pacifique à l'estuaire du Saint-Laurent, le long chemin de fer n'avait plus qu'un obstacle à franchir : un fleuve. Le passage vers l'ouest, ce fameux chemin de l'Asie qu'avaient en vain recherché Cartier et tant de navigateurs inconnus, les gens de la ligne le traçaient sur les terres. La hache remplaçait l'étrave des bateaux, les rubans de fer tenaient lieu d'océan, les arbres abattus permettaient de franchir les cours d'eau. Au lieu d'en faire des vaisseaux, les charpentiers les jetaient d'une rive à l'autre. Comme il ne restait plus qu'un pont à terminer, toutes les forces de cet interminable chantier qui avait occupé tant et tant d'hommes semblaient s'être portées sur l'Harricana.

Il était venu des travailleurs de très loin. Les uns fascinés par l'Amérique des libertés, d'autres persuadés que la fortune les attendait sur ce continent. Tous avaient peiné, très peu s'étaient enrichis, quelques-uns étaient morts.

On racontait leur fin. Particulièrement l'histoire du Sibérien gelé. Ils étaient une vingtaine nouvellement embauchés par la compagnie Foley Welsh et Stuart pour être employés aux travaux de terrassement d'un viaduc. Terrible besogne dans le sol glaiseux qui cède sous les charges et écartèle les ouvrages avant même qu'ils ne soient terminés. Cette équipe-là était entièrement constituée d'émigrés d'Europe orientale. C'est à peine si trois ou quatre d'entre eux comprenaient quelques mots d'anglais ou de français. Au plus froid de l'hiver, on les fit partir à pied, de Matheson. Ils traversèrent l'immense lac Abitibi par un froid de moins soixante degrés. Arrivés à un premier campe de chantier, on refusa de les héberger. Nul ne saura jamais quel malentendu poussa des hommes enfermés dans la tiédeur d'une baraque à en rejeter d'autres vers le nordet glacial. Il restait aux marcheurs épuisés quelque trente milles à parcourir. L'un d'eux ne put atteindre le terme du voyage. Venu de l'autre bord du monde, il s'écroula gelé, tout roide, à quelques heures de son but. Pour avoir à creuser moins large dans le sol dur comme pierre, ses compagnons qui refusaient de l'abandonner aux loups l'enterrèrent debout, tel un piquet planté sous terre, à l'endroit où devait naître plus tard la petite ville de La Sarre.

L'hiver s'en était allé. Les travailleurs l'avaient oublié qui pestaient à présent contre la chaleur et les insectes. En dépit de tout, le chantier allait son chemin.

Lançant en travers des fleuves de lourdes charpentes, on savait que l'on édifiait du provisoire. Pour l'heure, on se fiait au bois que la forêt offrait en abondance, mais un jour, le fer et l'acier viendraient tisser leur treillage d'une berge à l'autre.

Pour chaque cours d'eau traversé, il avait fallu étudier, improviser, inventer du nouveau. Dans les montagnes, on s'était arc-bouté aux falaises, cherchant appui sur les rocs en saillie, creusant des niches, taillant les encorbellements, œuvrant parfois au-dessus de vides vertigineux, dans des gorges au fond desquelles rugissait le flot écumant. Pour les rivières de plaines, les arbres les plus gros avaient servi de piliers, allant chercher au fond des marnes une assise plus stable. Leur enfoncement laborieux faisait monter des profondeurs de lourds nuages. Ainsi la vase blessée menaçait la rivière d'orages qu'emportaient les courants. Sur ces colonnes énormes, s'appuyait tout un entrelacs de troncs plus élancés, de fûts équarris, de billes entaillées à la hache, de poutres et de chevrons percés à l'aide d'énormes tarières. La construction s'était élevée lentement, voguant sur son propre reflet qui s'allongeait d'heure en heure, brouillé par les remous, comme si le pont eût tiré des profondeurs l'image de son écroulement.

Les ingénieurs l'avaient voulu solide, cet ouvrage sur l'Harricana. Appuyé à des butées de roches entassées, poussant de toute sa masse sur des culées inébranlables, protégé des grandes colères du fleuve par des estacades qui brisaient le courant en amont des piles, ajouré de souillards d'écoulement dont le passage avait été savamment calculé, M. Ouimet affirmait qu'il pouvait tenir des siècles.

– Ils auront autant de mal à le démolir que nous en avons à le construire !

C'était un peu comme si ces hommes, attelés à vaincre une rivière, s'en fussent pris en même temps aux inconnus dont ils savaient déjà qu'ils viendraient un jour remplacer leur construction par un viaduc de métal.

Forestiers, bûcherons, scieurs, équarrisseurs, pontonniers ou charpentiers, ils étaient hommes du bois qui croyaient en sa force. Ils portaient en eux les certitudes absolues que les saisons, anneau par anneau, inscrivent depuis le cœur de l'arbre jusqu'à son écorce.

Ce qui pousse sous ces latitudes vaut le fer. Même l'aubier des essences blanches peut défier les siècles.

Les travailleurs de la voie avaient appris au goutte à goutte de la sueur ce que les arbres du Nord emprisonnent de force en leur corps torturé. Le tranchant des haches sans cesse retourné, les dents des scies et des godendards constamment émoussées leur avaient enseigné la valeur des forêts où personne, avant eux, n'était venu abattre.

Vivant sur cette terre d'Abitibi séparée du reste du monde par des milles et des milles, les ouvriers demeuraient souvent des semaines sans nouvelles. Lorsque arrivait un courrier, ils dévoraient les lettres, donnaient les leurs, riaient, versaient parfois des larmes, se montraient des photographies ou des cartes postales. Ensuite, ils se passaient les journaux. On y parlait de crise économique, de lois à voter, de grèves éloignées ou de quelques crimes. Cela était pour eux sans grande importance.

Très vite, ils abandonnaient ces feuilles imprimées qui serviraient à allumer les feux. Leur univers était la ligne, leurs frontières ces forêts où ils s'enfonçaient juste ce qu'il fallait pour en tirer des arbres. Tout ce qui se passait ailleurs était sans intérêt, la civilisation pouvait prendre feu, s'écrouler, redevenir cendre ou poussière, du moment que la ligne allait son tracé rectiligne à travers bois et montagnes, du moment que les ponts enjambaient les rivières, que les gares de rondins s'élevaient, que les traverses portaient ferme les rails d'acier, rien n'avait d'importance.

Il en allait de même à travers l'Ontario puis les autres provinces.

Il y avait parmi ces bâtisseurs des hommes déjà âgés qui racontaient d'autres ponts. Les plus jeunes les écoutaient, le soir, dans les baraques où entraient les fumées de feux entretenus devant chaque porte. De leurs récits, tout un monde s'édifiait, univers de falaises donnant sur des torrents lointains d'où s'élevaient des rumeurs dont on ne savait plus si elles étaient humaines. Au fond du fond des remuements de roches et d'écume, hurlaient des formes emportées.

Les pontonniers, qui avaient vécu des grands travaux comparables à ceux des dieux, savaient évoquer la vie et la mort des gens quand les fleuves, furieux d'être toujours vaincus, réclament aux humains le tribut de l'orgueil.

35

Le grand jour arriva enfin. Tout était prêt. Comme le pont, la chapelle et la gare, le magasin général pouvait être inauguré. Les quatre fenêtres et les deux portes étaient en place. Raoul et Stéphane avaient même eu le temps de clouer au-dessus de l'entrée une planche où ils avaient écrit, en gros, avec de la peinture brune :

« Magasin Général Robillard. »

Dessous, en plus petit :

« Laverie. Cordonnerie. Travail soigné. »

En plaisantant, Raoul demanda à sa sœur si elle ne voulait pas qu'on ajoute : restaurant.

– À tes moments perdus, tu pourrais faire la cuisine.

– Figure-toi que j'y ai pensé. Mais faut attendre. La plupart des gens qui ont construit la voie vont s'en aller. Avec l'exploitation forestière, les scieries et ce qui va s'ouvrir, ça va tout de même faire du monde. Comme la cookerie de la compagnie va fermer, faire la cuisine, ce sera peut-être ce qui rapportera le plus.

— Toi alors, tu veux vraiment tout pour toi.

— J'ai assez enduré. Le plus que je pourrai prendre, je le prendrai. Ça dure pas toujours. Faut savoir profiter.

Ils parlaient devant le pas de la porte, observant avec fierté leur magasin. Des hommes passaient qui se rendaient vers la gare. Certains s'arrêtaient pour demander :

— Quand donc que vous ouvrez ?

— Tout de suite après la messe.

— Est-ce que vous aurez du tabac ?

— Sûr ! Même des pipes. Du papier à cigarettes, des allumettes. De la chique, tout.

Les hommes riaient en disant qu'ils allaient avoir bien du regret de quitter un pays juste après l'ouverture d'un si beau magasin.

Un peu d'angoisse naissait qui fit dire à Alban :

— Tout de même, est-ce qu'on n'a pas vu un peu grand ? Est-ce que la scierie...

Les autres l'interrompirent. Il y avait trop de joie inscrite dans le ciel clair pour qu'on se mette à pleurnicher.

— Faut aller, dit la petite Louise. Si on est les derniers, on verra rien.

— Toi, tu seras sur mes épaules, dit Raoul, tu verras mieux que le grand Luc.

Elle prit la main de sa mère et l'entraîna. Dans un mouvement qui leur était devenu automatique, Raoul et Stéphane se baissèrent, empoignèrent par les barreaux latéraux et par les montants du dossier la chaise où était assis Alban. Ils avaient pris l'habitude, en se relevant, d'incliner légèrement le siège vers l'arrière si bien que le cordonnier n'éprouvait plus aucune crainte. Il se laissait porter, les pieds pendants, les mains posées sur ses genoux. Ce matin-là, il observa seulement :

— J'aurais pu me passer de voir un train. Je vous donne bien du mal pour rien !

Lorsqu'il parlait ainsi, ils avaient coutume de ne rien répondre. Ils continuèrent leur chemin en direction de la gare, suivant Catherine et Louise qui sautait en secouant le bras de sa mère.

Des gens les dépassaient parfois, montant sur le talus pour ne pas les gêner. Certains proposaient :

— Voulez-vous qu'on vous reprenne ?

— Ça va, on a l'entraînement.

Ils avaient parcouru à peu près la moitié du chemin quand la chaise sembla leur échapper, attirée vers le ciel par une force invisible. Sans avoir à se retourner, Alban cria :

— Fais pas l'imbécile, Luc, tu vas me briser les reins !

— Qui te dit que c'est moi ? fit le pachyderme.

— Du moment que je vois la flèche de la grue à côté de la gare, ça peut être que toi.

Ils se mirent tous à rire. Raoul et Stéphane avaient lâché la chaise. Le colosse portait Alban sur son bras droit comme une nourrice eût fait d'un bébé dans un petit fauteuil de paille.

— T'es vraiment le plus fort que j'aie jamais

vu, fit Alban. Si j'avais encore mes jambes je demanderais un lot. Au lieu d'acheter un bœuf pour dessoucher, c'est toi que je prendrais.

Le rire du gros secouait la chaise.

Ceux qui les voyaient s'avancer ainsi au pas lourd et balancé du bûcheron les saluaient en s'écartant pour leur faire place.

— Quand je vais chez moi, expliquait Luc qui se trouvait dans un jour de bavardage, mon père me réserve toujours ce que le cheval peut pas faire.

Quelqu'un lança :

— Si la locomotive est en panne, Chabot, t'iras chercher le train.

De la sortie du pont jusqu'à la gare, puis plus loin au long de la ligne, des hommes étaient debout, qui attendaient. De l'autre côté, c'était la même chose. Les quelques femmes s'étaient groupées avec les enfants. Avant l'entrée en gare, on avait planté un mât au sommet duquel pendaient des drapeaux rouge et blanc. Pas le moindre souffle d'air pour les agiter. Juste devant la gare, sur le quai de larges plateaux en bois tout neuf, se tenait M. Ouimet en compagnie d'autres ingénieurs et de gens du chemin de fer qu'on ne connaissait pas encore très bien. Lorsqu'il vit arriver le colosse et Alban sur sa chaise, l'ingénieur cria :

— Chabot ! Apporte-moi ça ici !

Les autres suivirent.

Le chef de gare arrivé trois jours plus tôt et que les Robillard n'avaient pas encore vu s'avança en disant :

— M. Ouimet m'a raconté votre épopée.

Votre place est ici. Vous êtes les pionniers de cette ville.

— On n'a pas fait grand-chose, dit Alban. Pourtant, c'était pas facile.

— Je sais, fit l'homme.

— On a tout de même inauguré le cimetière, fit Catherine avec amertume.

— Et le curé, où il est ? demanda Hector Lavallée.

— Y prépare sa messe.

— Avez-vous apporté les biscuits ?

— Oui, sur la table près des tampons en caoutchouc.

— Et la bière ?

— Je m'en occupe.

— Je crois qu'ils seront là en même temps.

— Pas sur le pont.

— Si. Faut voir celui qui fera reculer l'autre.

— M'man, est-ce que je pourrai monter dessus ?

Tout le monde se mettait à parler et personne n'écoutait. C'était un mélange de lumière et d'ombre. La lumière venait du ciel et des regards tournés vers l'avenir. L'ombre était celle de ce qui s'achève. La ligne ouverte, le pont terminé, c'était le commencement du chemin de fer et la fin du chantier. Les travailleurs du rail se demandaient ce qu'ils allaient faire. Le pays était devenu leur, la perspective du retour vers les villes ne devait pas les enchanter.

Cependant, pour l'heure, ce qui l'emportait, c'était la fierté. Le grand orgueil des pionniers, des bâtisseurs. Ceux-là pourraient aller partout en disant :

– Le Grand Pacifique, j'en étais. J'ai fait ma part de cette ligne. Si elle existe, c'est un peu grâce à moi. Ceux qui prendront ce train-là me devront quelque chose, pourtant, nul ne me donnera rien.

Les bûcherons, pour la plupart, resteraient là. À présent qu'on pouvait acheminer le bois, on allait exploiter. Ce pays sans drave possible, cette terre inclinée du côté du sauvage où on ne peut rien expédier se renversait d'un coup grâce à la vapeur. Mais les autres, les pontonniers, les charpentiers, les poseurs de traverses et de rails, les terrassiers et les casseurs de pierre, le train auquel ils avaient ouvert la voie dans la forêt profonde allait les ramener chez eux, les uns vers l'ouest à travers les montagnes, les autres vers l'est jusqu'à la rive nord du Saint-Laurent.

Deux heures passèrent avec le bourdon des voix et le piétinement. Puis, presque d'un coup, sans aucun ordre, ce fut le silence. Une décroissance rapide du brouhaha; enfin le calme parfait.

Loin, infiniment loin en direction de Cochrane vers le bout du bout de la saignée du bois, une cloche avait tinté.

– À l'ouest ! À l'ouest ! crièrent des voix.

On s'avançait pour voir.

– Taisez-vous !... Silence... Silence !

La clameur monta haut puis retomba. Une autre cloche s'agitait à l'est, venue de Senneterre.

– À l'est ! À l'est aussi !

Cette fois, il devint impossible de plus rien distinguer. Seul dominait les clameurs un tintement clair, presque aussi cristallin que la lumière du jour approchant midi.

Tout le monde se déplaçait, se bousculait, cherchait à savoir d'où venait ce carillon dans un pays où nulle autre cloche n'était jamais venue que celles surmontant les locomotives.

Au bout de la gare, fichée dans un tronc d'arbre, une énorme enclume avait servi aux forgerons des chantiers. Empoignant la plus lourde des masses, Luc Chabot s'était mis à frapper. À tour de bras, d'un beau geste rond et régulier qui semblait sortir naturellement des courbes de son corps comme les cercles se forment sur l'eau, le géant cognait. Lui si placide d'habitude, semblait déchaîné. La bouche grande ouverte sur ses dents jaunâtres, il riait.

Autour de lui, le cercle s'était formé. Claquant tous ensemble leurs larges mains, bûcherons et ouvriers s'étaient mis à marquer la cadence de ses coups avec des « han ! » arrachés à leur poitrine, pareils à ceux qu'ils laissaient aller lorsqu'ils maniaient la cognée.

Bientôt, le mouvement gagna l'assistance entière. Même ceux qui ne pouvaient voir la source de cette musique l'accompagnaient du geste et de la voix.

Le sol en tremblait. La forêt frémissait. De grands vols d'oiseaux s'étaient élevés qui tournoyaient très haut, surpris par ce vacarme, attendant qu'il cesse pour regagner le couvert.

Sur la voie, M. Ouimet, les géomètres et d'autres ingénieurs s'étaient joints au chef de gare pour faire écarter les hommes qui se penchaient, regardant au loin, se gênant l'un l'autre et s'avançant davantage encore.

– Reculez ! Attention !

– Vous êtes fous !

– Écartez-vous !

Leurs cris étaient couverts par le son de la masse sur l'enclume et le roulement profond qui soutenait le rythme.

Infatigable. Régulier comme le balancier d'une horloge, Luc Chabot battait toujours le métal limpide.

Enfin, arrivant avec une bonne avance sur celui de l'ouest, le train de l'est s'engagea sur le pont.

Et ce fut soudain le silence. Les poitrines, les mains, puis aussitôt l'enclume s'étaient arrêtées de battre. Il n'y avait plus, presque dérisoire après le tintamarre énorme, que le chant grêle de la cloche à laquelle répondait de loin celle de l'autre train. Tout autour de ce bruit clair, le souffle et les tchitements de la vapeur. Bientôt, en dessous comme pour les soutenir : le pont.

Le pont avec sa basse dont le chant grave s'élargissait, montait, courait sur l'eau vers l'aval et l'amont, revenait répercuté par les rives.

Le pont entonnait son premier chant de pont. Il vibrait. Les yeux s'écarquillaient à fixer le nuage gris et blanc qui semblait vouloir l'écraser. D'autres regards cherchaient telle ou telle poutre, tel ou tel pilier.

L'eau s'habillait de reflets nouveaux où se mettaient à courir les cercles déclenchés par les vibrations.

Les gorges se serraient. Le souffle retenu, tous ces hommes avaient un instant oublié l'autre train.

Lorsque la locomotive eut enfin abordé à la rive, s'écartant devant elle pour lui céder le double chemin des beaux rails luisants, ces gens soudain repris par la joie poussèrent une clameur immense. Et la masse de Luc se remit à cogner, devenue folle soudain, si vite, si vite, que son martèlement déclencha le rire.

Déjà l'autre locomotive arrivait. Le chef de gare manœuvra l'aiguillage pour la diriger vers la voie de croisement. Les deux cloches et l'enclume cessèrent leur carillon, la vapeur et la fumée montaient en s'étalant sur cette foule qui applaudissait.

Hissé par dix bras solides, le cordonnier aux jambes mortes dominait. Comme celles des enfants que les adultes levaient au-dessus d'eux, ses mains battaient, sa bouche riait, mais de ses yeux coulaient deux grosses larmes.

36

Les deux trains avaient amené chacun son petit lot de personnages importants. Les quelques femmes d'Harricana tout autant que Catherine Robillard s'étaient donné grand mal pour nettoyer et repasser les vêtements, pourtant, les travailleurs faisaient pauvre figure à côté des hommes à col raide, à chapeau noir et à costumes impeccables. Les gaietés du voyage et le soleil rieur faisaient monter des discours à la gorge de tous ces visiteurs. Chacun voulait placer son couplet, lancer son compliment, trouver le meilleur mot.

Ceux qui, jusqu'alors, s'étaient heurtés le plus violemment dans les luttes politiques étaient les plus empressés à tomber dans les bras l'un de l'autre. L'Est étreignait l'Ouest qui lui rendait au centuple son amitié. Pour une journée au moins, le transcontinental unissait les provinces comme jamais encore elles ne l'avaient été. Il avait suffi d'un long ruban de fer et de quelques ponts pour unifier le pays.

De la forêt, montait le chant très doux d'un léger vent du sud. En amont du pont, le fleuve frissonnait, en aval il nouait ses remous huilés de ciel.

Attirées par le vacarme et les odeurs de nourriture, plusieurs tribus indiennes s'étaient approchées.

Parmi les groupes bavards et hésitants, voltigeait le petit curé. Battant de la soutane et de la langue, il criait à tue-tête que la messe allait être dite. Il semblait un bonimenteur de fête foraine cherchant à attirer les badauds vers une loterie. Mais ici, le public ne se faisait pas prier. Un mouvement se dessina derrière le prêtre en direction de la chapelle toute décorée de branchages, de rubans et de fleurs. Le menuisier avait sculpté dans un tronc de bouleau une vierge de trois pieds de haut que la femme d'un ingénieur avait vêtue de blanc en sacrifiant une paire de rideaux. Tout le monde ne put la voir : le bâtiment était beaucoup trop exigu et bon nombre de fidèles durent rester dehors, tête nue sous le soleil, à tendre l'oreille.

La clochette de l'élévation fut pour eux comme l'écho de la cloche des deux trains qui s'éloignaient, se tournant le dos après avoir roulé sur la forêt l'épais nuage de leurs fumées mêlées.

L'office terminé, ce fut M. Ouimet qui prit la tête du cortège. Entouré des officiels, il se dirigea vers la gare où ces messieurs entrèrent pour une rapide visite. La poussière soulevée par le piétinement asséchait les gosiers. Enfin vint le moment de gagner la cookerie. Les cuisiniers avaient préparé un long buffet garni de galettes de maïs, de viandes et de poissons fumés, de gâteaux au sirop d'érable, de biscuits et de fruits secs. La bière et le soda coulant à volonté, le bruit s'amplifia.

Ayant mangé et bu rapidement dans la bousculade, les Robillard reprirent le chemin du magasin. Il y eut un long moment de vide. Installé à son poste central, derrière son établi, la caisse de monnaie à portée de main, Alban était comme un capitaine sur la passerelle de son navire. Catherine se tenait derrière la grande banque où trônait la balance noir et or aux plateaux de cuivre luisants. Pour la centième fois, l'épicière vérifiait l'équilibre du fléau et l'ordre des poids alignés. La petite Louise se trouvait entre sa mère et son père, prête à aider. Stéphane et Raoul avaient pris place chacun à un bout du magasin.

Le temps parut interminable. Alban s'était mis à affûter un tranchet qui, pourtant, coupait déjà comme un rasoir. Au loin, on entendait les éclats de voix; tout près, ce petit bruit régulier qui devenait énorme.

Alban s'arrêta. Des voix approchaient. Les Robillard et le coureur de bois se regardèrent. Une inquiétude souriante passa dans l'air.

– Tu crois que des gens vont venir acheter ?

Louise avait à peine achevé sa question que M. Ouimet paraissait sur le seuil. Il lança un rapide coup d'œil comme pour s'assurer que tout était en ordre, puis il s'effaça pour laisser entrer les officiels auxquels s'était joint le petit curé qui gesticulait en faisant de la réclame à la manière d'un crieur de journaux.

Il y eut de nouveau quelques belles envolées, mais il était impossible d'obtenir le silence.

Les discours s'entrecroisaient, les compliments se chevauchaient l'un l'autre et personne n'écoutait personne. Comme tous ces messieurs voulaient emporter à leurs épouses et enfants des souvenirs d'Harricana, ils se précipitèrent sur les corbeilles, les corbillons, les vanottes et les paniers qu'Alban avait tressés. Ils achetèrent également les peaux de castor et de loup que Raoul et Stéphane avaient tendues contre les murs. Ils s'extasiaient devant les rayons. Ils semblaient découvrir vraiment le bacon et la farine, les pois et les biscuits de mer, le riz, le sel, le poivre et le sucre. Pour un peu, ils auraient emporté de l'épicerie en souvenir du magasin général de Saint-Georges-d'Harricana.

Il y eut même un énorme ministre au regard noyé dans la graisse qui voulut acheter un marteau de cordonnier qu'Alban avait laissé sur son établi.

Raoul avait disparu. Dès que les officiels furent sortis, il reparut avec les ouvriers du chantier qui commençaient d'entrer.

– Où étais-tu passé ? demanda Catherine.

– Je suis parti pour pas faire un malheur. J'aurais voulu en prendre un par le fond de culotte et lui plonger la gueule dans un fût de mélasse. Merde, alors ! Est-ce qu'on est des sauvages ? « Tiens, eux autres, y mangent aussi du pain. Et puis y se lavent au savon. » Qu'est-ce qu'ils ont, à nous zyeuter comme des bêtes curieuses ? C'est tout un tas de porcs qui ont jamais rien foutu de leur vie !

Les hommes aux grosses mains et aux vêtements usés l'écoutaient avec étonnement.

– Y sont tout de même venus voir notre travail.

– Certain ! Et même que ça leur en bouche un coin.

– Tu parles, y nous récompensent avec des discours.

– Cause toujours, t'applaudissais comme les autres.

– C'est nous qu'on a fait la ligne et c'est eux qui vont ramasser les sous.

– On a tout de même bien gagné.

– À présent, qu'est-ce que tu vas faire, malin ?

– Y en a pas mal qui vont être sans embauche.

– C'est vrai qu'on est assez cons pour applaudir leurs boniments.

– Et pour boire leur bière en disant merci.

Le ton montait. Ils parlaient tous en même temps. Deux courants s'étaient dessinés : ceux qui semblaient pour le respect de l'autorité et les révoltés à qui la bière donnait de la gueule. Peu à peu, les rouspéteurs l'emportaient, entraînant les tièdes. Tout le monde s'échauffait. Raoul, qui avait vidé quelques bouteilles, regarda partout avec du feu dans l'œil, comme s'il eût cherché quelqu'un à étrangler.

– L'est sorti avec eux, le maudit petit curé ! Y va leur coller aux trousses jusqu'à leur départ. Vous l'avez entendu placotter : « Et ceux-là, y sont venus en canot, avec tout leur fourbi. Leur petit est mort dans l'hiver. L'Alban il a les jambes gelées… » Et puis quoi, encore ? Faudrait-il que je leur fasse voir mon cul ?

Il y eut un mélange de rires, d'approbations, de cris hostiles. Ceux qui n'avaient rien entendu questionnaient les autres. Les retardataires se bousculaient pour entrer. Catherine criait pour qu'on ne lui écrase pas sa marchandise. De sa chaise, dominé par le vacarme, tenant à deux mains son établi tout neuf qu'on bousculait, le pauvre Alban s'époumonait en vain :

– Arrêtez ! Vous énervez pas ! Laissez faire !

Nul ne l'écoutait. Raoul gesticulait de plus en plus. Stéphane qui avait, lui aussi, bu un peu de bière se mit à crier avec son oncle. Sans montrer d'énervement, mais d'une allure qui en imposait, Catherine contourna sa banque et fendit la foule pour venir empoigner son garçon par le bras. Comme il tentait de lui résister, il reçut une paire de gifles qui sembla le dessaouler d'un coup. Seuls les hommes qui se trouvaient à proximité immédiate remarquèrent l'incident. Partout ailleurs, c'était la bousculade et la confusion totale, presque la bagarre. Catherine entraîna Stéphane vers le fond du magasin où s'ouvrait la réserve. Le garçon éberlué bégayait :

– Ça alors ! Ça alors ! T'as pas le droit !

Dès qu'ils furent seuls face à face, il y eut entre eux un échange de regards d'une étonnante intensité. En quelques instants passèrent le fluide de la stupéfaction, celui de la colère aussitôt dominée par une grande force d'amour. En même temps, ils furent gagnés par le rire. Catherine, serrant son garçon dans ses bras, dit très vite :

– Pardon, mon grand. Je voulais pas... Tu

m'as fait peur. Je veux pas que tu boives. Je veux pas que tu deviennes violent. J'ai pris peur. J'ai perdu la tête.

Stéphane l'embrassa. Une larme perlait à sa paupière.

– T'as raison, m'man. Je sais pas ce qui m'a pris... Je sais pas.

– Viens, faut empêcher ton oncle de faire des bêtises... Je le connais. Il aime se battre.

Quelqu'un était allé chercher M. Ouimet qui tentait d'apaiser les plus excités. Il était pâle. Son menton tremblait. Sa voix vibrait, prête à se briser.

– Ne gâchez pas un jour de fête ! lançait-il. C'est une folie. Que les mécontents viennent me trouver demain, au bureau.

Vociférant toujours des menaces à l'adresse des officiels et de la Compagnie, Raoul jouait des coudes pour s'approcher de lui. Certains tentaient de le calmer, d'autres l'aiguillonnaient. Se frayant un chemin sans aucun ménagement, Catherine fut plus rapide que lui et l'intercepta. Droite, tête haute, visage fermé et regard d'acier sous un sourire forcé, elle se planta devant lui et le prit par le bras comme elle avait pris Stéphane. Un silence houleux s'établit, que dominaient les bruits venus de l'extérieur. D'une voix qui tremblait à peine, Catherine lança en direction de l'ingénieur :

– Excusez-moi, monsieur Ouimet, j'ai besoin de mon frère. Il a déballé des marchandises que je ne retrouve pas.

Se tournant vers Raoul et plantant son regard dans le sien, elle ajouta :

– Viens. Les clients attendent. Ils vont aller chez les concurrents.

Le silence fut parcouru de frissons, puis des rires fusèrent. Une voix lança :

– Y a Eaton's qui ouvre à côté !

Le rire gagna. Le visage de Raoul s'empourpra. Son regard lança des éclairs à droite et à gauche, puis revint à sa sœur. Catherine souriait. S'approchant de lui dans le tumulte qui tournait à la joie, elle dit :

– Viens, mon grand, j'ai besoin de toi.

Le trappeur se laissa entraîner. Autour d'eux, comme si de cette longue femme blonde eût rayonné un fluide, le silence se propageait. Seuls les hommes les plus éloignés continuaient de se chamailler.

M. Ouimet sut exploiter la situation. Ayant retrouvé sa voix ferme et grave, il lança :

– Alors, Steph, qu'est-ce que tu fais ? J'ai demandé du tabac ! Est-ce qu'on peut se faire servir, oui ou non, dans cette foutue boutique !

Un remous se dessina le long de la banque. L'ingénieur cria encore à l'attention des bûcherons :

– Oh ! vous autres. C'est un magasin, ici. C'est pas fait pour les papotages. Qu'est-ce que vous attendez pour sortir vos bourses ? Elles doivent être pleines à craquer, depuis le temps que vous gagnez sans rien dépenser !

À peine arrivés dans la réserve, le frère et la sœur se regardèrent. Une lueur d'enfance passa qui les fit pouffer.

– T'es une belle garce ! fit Raoul.

– Viens m'aider, grand vaurien. Y vont nous dévaliser.

280

Ils regagnèrent la boutique où les hommes au visage ruisselant de sueur se bousculaient en donnant de la gueule pour se faire servir.

Derrière sa caisse, Alban rendait la monnaie. À côté de lui, pas plus haute que la banque, Louise vendait le savon à barbe et les peignes en criant les prix d'une petite voix aiguë qui dominait le roulement des basses :

– C'est à trois sous ! Tout à trois sous !

37

Au soir de la fête, une locomotive attelée à un seul wagon était venue chercher les inaugurateurs. Depuis, troublant à intervalles réguliers l'écrasement de l'été, les trains passaient. Un chaque jour dans chaque sens, le rythme s'était installé.

Le bruit des convois ne surprenait plus. Il avait cessé d'effrayer la forêt. On l'entendait naître et croître selon l'humeur des vents qui couchaient la fumée sur les wagons, sur la voie et les étendues boisées où elle s'effilochait. À l'approche de la gare, la cloche de la locomotive se mettait en branle. Son tintement, les crachements de la vapeur, le grondement du pont faisaient à présent partie de la vie.

Grâce à ce passage, une ville naissait. Partagée en deux par le fleuve, elle grandissait, tirant de l'eau et des vastes étendues boisées l'essentiel de ses ressources. On avait tendu des câbles et installé un bac dont le va-et-vient perpétuel permettait de traverser sans trop attendre et sans grimper sur le pont où la marche à pied était dangereuse. Un gros moulin à scie s'était édifié sur la rive droite. Le bruit conjugué des bielles, des poulies et des larges lames montait de la rivière avec la brume de chaleur suffocante.

Des travailleurs s'en étaient allés, d'autres avaient demandé et obtenu des lots à défricher. Ils avaient commencé par abattre de quoi se construire de petits campes de bois rond où, la plupart du temps, ils logeaient à deux ou trois, s'entraidant pour l'abattage et l'essouchement, attendant d'avoir déjà nettoyé leur terre pour faire venir leurs familles. D'autres étaient partis chercher femmes et enfants qu'ils avaient installés soit dans des bâtisses montées à la hâte, soit dans quelques baraquements du chantier.

Tout ce monde venait au magasin général où les affaires n'allaient pas mal du tout. Catherine, qui avait trouvé deux femmes pour sa laverie, dirigeait l'ensemble, trônant derrière sa banque, allant d'un rayon à l'autre, de la réserve à la buanderie, donnant des ordres et des conseils, tenant son monde en main comme un cocher son attelage.

Seul lui échappait son frère qui, de plus en plus, tentait de s'évader, prétextant qu'ils devaient s'habituer à se passer de lui pour n'être pas trop désemparés le jour où il les quitterait.

Sous l'épais soleil, la voie ferrée filait ses deux traits luisants. Dans cette tranchée de forêt où l'air circulait peu, c'était la fournaise. Des hommes ruisselants continuaient de besogner, achevant l'installation de la signalisation et du télégraphe, plantant des poteaux, déroulant des fils à l'infini.

Déjà la sauvagine commençait de s'habituer à cette saignée pratiquée dans son domaine. Ayant guetté des heures et des heures, choisissant le cœur des nuits pour se hasarder, tout un monde venait en curieux, pointant le nez hors des fourrés, humant un air différent, respirant à petites goulées les odeurs de ferraille, de charbon, de goudron et de créosote. Les rongeurs, les premiers à s'avancer, poussaient sous le ballast leurs galeries effondrées, recréaient le labyrinthe interrompu par les pioches et les pelles. C'était tout un travail énorme que de contourner des roches apportées là par on ne savait quelle puissance incommensurable. Du gravier inconnu avait été mêlé aux marnes. Assez rapidement, campagnols et lemmings, souris et musaraignes s'habituèrent à cette terre plus saine, utilisèrent les sables douillets pour leurs nids. La foudre grondant au-dessus de leur tête et ébranlant les étroits sous-terrains deux fois par jour leur devint vite indifférente. Tous comprirent que c'était seulement à ce moment-là qu'il fallait se cacher.

Bientôt, les animaux de grand air et de course prirent eux-mêmes l'habitude de franchir cet obstacle. Seuls les éloignaient encore pour quelques instants les monstres fumants et puants à la voix de métal. Et l'on vit des cervidés traverser comme des flèches, poursuivis par les loups, les renards et les ours. Des oiseaux se posèrent sur les fils, des écureuils gris s'enhardirent à grimper aux poteaux.

Plus lentement, les herbes et les mousses avancèrent aussi. Elles se coulaient entre les pierres, glissaient sous les traverses, buvant l'eau tiède que perdaient les locomotives.

Les plaies des arbres mutilés commençaient à se cicatriser. De nouvelles branches plus vigoureuses partaient des moignons et des souches. Lentement, un rideau opaque de brindilles et de feuillages se tissait. La forêt se refermait sur elle-même, protégeant ses entrailles d'ombre humide des regards de la machine à feu et de son haleine écœurante.

Les sources déviées, les ruisseaux détournés cherchaient eux aussi à retrouver leur route. Goutte à goutte, puis à minces filets, ils fouissaient en profondeur, flairant des failles, trouvant des passages. Leurs eaux, charriant des millions d'infiniment petits, établissaient un lien entre les deux rivages de cette voie, à l'insu des humains qui continuaient d'aller leur chemin rectiligne et monotone.

Ainsi la ligne et son soubassement de ballast devinrent-ils bientôt un univers vivant, peuplé tout autant que l'avait été le taillis avant l'intrusion des gens qui avaient tant détruit, piétiné, saccagé.

Sur la vaste terre d'Abitibi, comme pour illuminer ces victoires, le soleil plombait. Un été, aussi torride qu'avait été glacial l'interminable hiver, écrasait la forêt, les bêtes et les hommes. Les nuits demeuraient froides, pourtant. Au cœur du mois d'août, plusieurs matins frileux furent poudrés d'une légère gelée blanche. C'était l'heure où, dans les essarts, les débroussailleurs, les défricheurs, les essoucheurs se mettaient à l'œuvre.

Ceux qui depuis des années avaient vécu

dehors respiraient le ciel, interrogeaient le fond de l'air. Ils se consultaient entre eux.

– Le grand calme.

– Deux jours au moins.

– On peut y aller !

Le feu prenait alors aux énormes tas dans le milieu des espaces dégagés. Les flammes montaient droit, la fumée s'élevait pour s'étaler très haut, couchant son ombre sur la cité naissante.

Où flambaient les branchages, pousserait bientôt le blé dont on commandait déjà la semence au magasin général Robillard.

38

Durant quatre semaines, le grand soleil et un vent brûlant desséchèrent la forêt. Puis, au cours d'une nuit, le temps s'immobilisa. Le silence s'épaissit. L'air s'englua, devint sirupeux. Les visages et les corps ruisselaient sans qu'on eût ébauché le moindre geste. Il y eut trois journées et trois nuits empâtées comme le fond d'un lac.

Malgré cette moiteur suffocante, le travail se poursuivait. De la petite aube à la nuit tombante, l'espace résonnait du claquement des cognées, du tintement des pioches sur le sol dur. Avec de longs craquements, les arbres s'abattaient, soulevant d'énormes nuages de poussière. Les défricheurs pestaient en crachant blanc.

Tant que le vent avait soufflé, on avait entassé les broussailles et le menu branchage. Le calme installé, on s'était mis à brûler pour libérer la place. Le crépitement des foyers montait. Les cendres s'accumulaient qui engraisseraient bientôt les labours. Jour et nuit, les essarteurs se relayaient près des feux qu'ils alimentaient. On brûlait toujours à bonne distance des habitations et de la lisière du bois. La chaleur des bûchers s'ajoutait à celle du ciel. L'une et l'autre se combattaient parfois avant de s'allier. Celle qui montait du sol rassemblait sa force en un seul courant pour pénétrer celle des hauteurs et s'ouvrir un passage.

Le duvet de grisailles lumineuses, dormant sur le pays d'une frontière à l'autre de son immensité, retenait longtemps la fumée. Elle s'étalait, pesait sur les arbres, cachant parfois le soleil, globe roussâtre d'où ruisselaient encore des touffeurs qui semblaient vouloir écraser la vie.

Puis, le 17 août vers cinq heures de l'après-midi, alors que le calme semblait établi pour des éternités, le pays se révolta.

D'un coup : le remuement.

Une lame de lumière et de vent pénétra par le flanc la nuée statique pour la fouiller jusqu'aux entrailles. La forêt frissonna, grondant sourdement dans sa léthargie avant de se réveiller vraiment. Le sommeil de la terre était si lourd, si confortablement installé sous le couvert poussiéreux et fané qu'il résista un moment de tout son poids. Ouverte sur une longueur de plusieurs milles en quelques instants, l'épaisse couche de fumée cracha des viscères noués de terribles convulsions. Une colère à odeur de soufre l'habitait. Un tourbillon s'amorça. Pris de peur, il accéléra son rythme en s'élevant. Affolé, il se tordit à gauche, à droite tel un énorme reptile malade de hernies et fouaillé d'épines. Une rage le saisit soudain qui lui donna la force de se retourner pour plonger sur les bois, balayer les coupes et cingler les bûchers d'où il naissait.

Les défricheurs s'éloignèrent des foyers en furie. Le souffle qui grondait était si soudain qu'on le croyait jailli de l'intérieur, du fond secret de la terre. Comparable à celui des volcans, il soulevait les charbons ardents. Des flammes plus hautes que des arbres centenaires entraînaient dans leur élan des torrents de brandons et d'étincelles qui creusaient leur chemin tortueux et rageur parmi les remous. Leur sillage s'élargissait, se défaisait pour pleuvoir sur les taillis aussi secs que du foin de trois ans.

Surpris par le combat du jour et de la nuit, les gens qui se trouvaient à l'intérieur des maisons sortirent.

– Au feu ! Au feu !

Le cri montait de partout. Du côté où s'était rabattu le premier tourbillon, des appels au secours s'entendaient déjà.

En quelques minutes, vingt foyers au moins s'étaient allumés. La forêt crépitait comme un fagot.

Abandonnant l'abattage, les essarteurs se précipitèrent. Ils n'avaient pour lutter que des branches qu'ils coupaient. Trop sèches, elles s'enflammaient très vite. Chaque coup qu'on donnait risquait de propager le mal au lieu de le tuer.

– Des pelles !

– Vite, des pelles !

– Apportez des pelles !

– Ici, vite vite, ça nous gagne !

Le feu les dominait en effet. Plus rapide et plus souple que les hommes, il se couchait à côté d'eux sous les broussailles, cherchant à contourner chaque lutteur. Il bondissait dans les branches pour se laisser tomber comme un fauve :

– Attention. Ça tourne !
– Reculez !
– Tirez-vous !

Excité par les cris et la vue de ce qu'il avait réussi du premier coup de gueule, le vent redoublait de vitesse et de violence. Il se multipliait pour frapper plus sûrement. Nul ne savait s'il venait de l'est ou de l'ouest. Tous les horizons semblaient souffler en même temps, dix vents conjugués bondissant vers le même incendie.

– Attention ! Un gars est tombé.
– Où donc ?
– Là-bas, devant !
– On voit plus rien.

L'averse de cendres aveuglait. Le feu bondissait, il était dans l'air, il montait du sol et tombait du ciel. Invisible, la flamme creusait sa galerie sous les lichens pour se redresser soudain, à vingt pas derrière le front des hommes qui risquaient à chaque instant de se trouver prisonniers. Plus loin, c'était sous les pieds qu'elle reprenait vie, levant la griffe pour empoigner les jambes.

– À l'eau, vite ! Vite !

Dès qu'un vêtement se mettait à flamber sur les épaules d'un homme, c'étaient des cris. Ceux qui se trouvaient à proximité du fleuve s'y jetaient, les autres se roulaient par terre ou se déshabillaient à la hâte. Le menuisier, venu avec sa large pelle à copeaux, se battait ferme. Ayant déjà abandonné sa chemise il se démenait, le torse luisant tout piqueté de points rouges et de stries sanglantes.

Les sapins baumiers gorgés de résine et d'essences grillaient avec des crépitements, des éclatements aussi forts que des coups de fusil. Les épinettes assoiffées, les mélèzes s'embrasaient par groupes avec des grondements d'orage. D'autres crépitaient en se lançant des étincelles en un jeu cruel. Quatre petits campes de rondins tout juste terminés, bâtis sur des lots à demi défrichés, étaient déjà atteints. Leurs toits de papier goudronné grésillaient à la manière de l'huile dans la poêle.

La chaleur devint vite intolérable. Même sur le fleuve, l'air était à peine respirable.

Avec une ampleur sans cesse grandissante, les revirements de la flamme menaçaient les hommes, les contraignant à battre en retraite. De plus en plus nombreux, les gens sautaient dans la rivière. D'autres qui arrivaient en renfort s'y plongeaient tout habillés avant de s'élancer vers le brasier. Ils fumaient, minuscules, face à des géants de flammes. Ils luttaient quelques minutes, mais la gueule ardente du monstre parti pour dévorer des milles de forêt soufflait une haleine d'enfer. À demi aveuglés, le souffle coupé, les hommes reculaient en courant, respiraient puis retournaient au combat. C'était un atroce ballet.

Le vent ne désarmait pas. Le tourbillon se répétait sans trêve, élargissant son mouvement, heureux de se vautrer sur des lieux encore intacts, poussant sa mâchoire de braise vers d'autres pâturages.

Soudain, virant de bord, il visa la gare et les baraquements du chantier. La bataille s'intensifia. Les hommes ne constituaient plus un front de lutte, la fumée trop dense les séparait. Chacun combattait pour son propre compte, ignorant ce qui se passait à vingt pas. Seuls les reliaient entre eux pour augmenter encore la peur les appels au secours, les hurlements de douleur, les avertissements.

Les uns mouraient asphyxiés, prisonniers de la forêt, les autres écrasés par la chute d'un arbre. Certains qui ne savaient pas nager s'aventuraient dans le fleuve. Échappant aux remous de fumée et de flammes, ils étaient empoignés par ceux des eaux qui semblaient bouillir sous l'averse de brandons. L'Harricana les emportait. Leurs cris atroces s'éloignaient au fil du courant, très vite couverts par le grondement de plus en plus puissant de l'incendie.

Près de la gare dont un pan de toiture commençait à brasiller, M. Ouimet cria :

— Dynamite ! Dynamite !

Ce fut l'affolement. Les gens abandonnèrent la lutte et partirent en courant.

— Trois hommes ! cria l'ingénieur. Trois hommes avec moi. Les autres, sauvez-vous.

Le gros Luc, que l'on voyait courir pour la première fois, fonçait déjà vers la réserve à outils où se trouvaient encore entreposées quatre caisses d'explosifs.

— Sauvez-vous ! cria Luc. Je peux faire.

M. Ouimet et un jeune forgeron le rejoignirent à l'instant où il atteignait le hangar. Ils entrèrent tous les trois et ressortirent bientôt du bâtiment d'où s'échappait déjà une épaisse fumée noire puant le caoutchouc. Luc portait deux caisses, l'ingénieur et le forgeron chacun une.

– À la rivière ! cria M. Ouimet.

Lorsque le vent soulevait les tourbillons de fumée et de cendres, on pouvait voir les trois hommes tenant leur charge à pleins bras, courir en titubant le long de la voie en direction du pont dont les superstructures se consumaient déjà. Chaque fois que les nuées porteuses d'étincelles se rabattaient sur eux, on s'attendait à l'explosion. Un moment donné, l'ingénieur qui marchait le dernier trébucha, chancela et roula sur le côté avec son fardeau. C'était en un endroit où des herbes sèches déjà grillées charbonnaient. Tandis que le forgeron pressait le pas, Luc s'arrêta, posa ses deux caisses sur la voie et revint. Sa large main écrasa une flammèche qui attaquait le bois blanc. M. Ouimet s'était relevé. Son coude et son genou saignaient.

– Laissez. J'peux prendre les trois, dit le pachyderme ruisselant de sueur.

– Non ! Allez aux vôtres !

Le ton était tel que Luc aida seulement l'ingénieur à reprendre sa charge. Courant à ses deux caisses, il les saisit à bras-le-corps et fonça vers le fleuve.

Plusieurs fois encore, ils se trouvèrent enveloppés de fumée où l'on voyait luire des flammèches. Quand ils reparaissaient, on constatait qu'ils avaient poursuivi leur course. Sa chemise s'étant mise à brûler, l'ingénieur dut poser sa caisse, se dévêtir puis se charger à nouveau pour repartir. Sa démarche devenait hésitante. Des ouvriers s'avancèrent pour l'aider. Les voyant approcher, il hurla :

– Foutez le camp ! Foutez le camp !

La course se poursuivit. Longtemps avant les autres, le forgeron atteignit la rive. Du haut de la culée, il lança la caisse qui disparut aussitôt, puis, sans hésiter, il plongea et se mit à nager le long de la rive, porté par le courant.

Le gros arriva, jeta sa charge, repartit à la rencontre de l'ingénieur qui titubait. Il empoigna la caisse, courut la livrer au fleuve. Un instant les deux hommes demeurèrent debout sur le bord prêts à plonger, puis, calmement, ils descendirent jusqu'à la berge et entrèrent dans l'eau en marchant.

39

Au moment où l'incendie s'était déclaré, Catherine se trouvait à la buanderie avec ses deux lavandières. Étant sorties, elles hésitèrent. La fumée se couchait sur leur droite, puis le vent tourna. Une des femmes dit :

– Ça viendra pas par ici.

– On sait jamais. Courez tout de même vers la rivière, ordonna Catherine. Je vous rejoins.

Elle fila vers le magasin d'où sortait une cliente suivie de Stéphane qui entraînait sa sœur.

– Qu'est-ce que c'est ?

– Le feu à la forêt, dit Catherine.

– Est-ce que ça craint ?

– Je pense pas. Vaut tout de même mieux aller vers l'eau. Emmène ta sœur.

Sans courir, elle entra dans le magasin et se dirigea vers son homme assis derrière son établi.

– Où est Raoul ?

– Parti pêcher.

– Maudit ! Faut que je trouve un homme pour t'emporter.

– Si ça risque rien, c'est pas la peine.

Au loin, les cris s'amplifiaient. Catherine alla vers la caisse, tira le tiroir et, à pleines poignées, elle enfourna les pièces et les billets dans un petit sac de toile qu'elle emporta en disant :

– C'est plus prudent.

Elle avait à peine fait quelques pas en direction de la porte que le jour s'obscurcit. Une épaisse nuée farcie d'étincelles s'abattit sur les habitations. Des cris très proches partirent :

– Ça brûle !

– Au feu !

– Catherine !

– Maman !

Se retournant un instant, la jeune femme lança :

– T'affole pas, je reviens !

Elle sortit en courant. Resté seul, Alban fit des yeux le tour du magasin. La veille, le train avait apporté huit caisses et trois sacs de marchandises. L'infirme se signa et murmura simplement :

– Seigneur, ayez pitié !

Il n'y avait aucune trace de panique dans sa voix. Son visage demeurait empreint d'un grand calme. Il se pencha, ramassa une sacoche de cuir où il enfouit une partie de son outillage. Déjà la fumée envahissait la pièce. Alban toussa plusieurs fois. Il regardait en direction de la porte grande ouverte et de la toiture. Les crépitements approchaient. Alban fit effort pour se lever mais renonça.

Bientôt, Catherine revint suivie de Stéphane et d'un charpentier nommé Reuillard qui s'était blessé un bras la veille et n'avait pu aller sur son lot pour défricher.

– On va t'emporter.

– Avec ta main, tu pourras pas, fit l'infirme.

– Bien sûr que si.

– Je vais aider, fit Catherine.

À trois, ils soulevèrent la chaise, mais le charpentier ne levait que d'un bras et leurs efforts étaient mal coordonnés. Alban faillit basculer en avant. Ils le reposèrent. La fumée s'épaississait. À l'ouest, les flammes claquaient derrière les vitres. Reuillard se baissa devant le cordonnier en disant :

– Cramponne-toi à mon cou.

Alban obéit. L'homme se releva sans peine.

– Prenez sa chaise, fit-il en s'en allant.

– Apportez aussi ma sacoche ! cria Alban.

Tous les quatre sortirent, suffoquant et crachant. Il était temps. Une poignée de brandons venait de grêler sur le toit où le papier goudronné prenait en vingt endroits. Ils coururent jusqu'à la rive où la petite Louise trépignait en hurlant, appelant les siens d'une voix brisée. Elle s'arracha des mains d'une lavandière pour se jeter contre sa mère. D'autres femmes et d'autres enfants couraient en piaillant. Stéphane posa la chaise le plus près possible de la berge. Son père s'assit et dit :

– Donne-moi ma sacoche.

Le garçon alla ramasser le sac de peau que sa mère avait laissé tomber pour prendre Louise. L'infirme serra son bien contre lui.

– Tout va y passer, fit-il.

– Qu'est-ce qu'on peut sauver ? demanda Reuillard.

– Rien.

Comme Stéphane voulait repartir en direction du magasin, sa mère le retint.

– Reste là.

Sur la toiture, de longues flammes se couchaient déjà. À côté, la laverie brûlait par le pignon. Le campe d'habitation était encore intact. Catherine tendit Louise à Stéphane.

– Prends ta sœur, ordonna-t-elle.

– Où tu vas ?

– T'inquiète pas.

Le garçon obéit. S'accrochant au rebord du ponton du bac, Catherine entra dans l'eau où elle se plongea même la tête. Ressortant en se frottant les yeux, elle partit toute dégoulinante vers la maison.

– Reste là ! cria Alban.

– Reviens, m'man. Je vais y aller !

– Tu sais pas où c'est, cria-t-elle en courant.

Il y eut un flottement. Stéphane voulut donner Louise aux femmes, mais la gosse s'agrippa de toutes ses forces et il dut renoncer.

– Qu'est-ce que je peux faire ? demanda l'homme au bras en écharpe.

– Rien, dit Alban. Elle a le temps. Elle veut sauver les sous qui sont chez nous.

La jeune femme disparut. À certains moments, la fumée s'écrasait. Plus rien n'était visible. La peur arrachait des hurlements aux enfants. Plusieurs femmes avaient embarqué sur le bac. Le passeur qui venait d'arriver en courant, sa chemise en lambeaux, cria vers les autres :

– Allez ! Montez !

– Venez m'aider, dit Stéphane en montrant son père.

Comme le passeur sautait sur le ponton, les femmes déjà à bord se mirent à l'appeler.

— Passez-nous !

Des escarbilles tombèrent et les hurlements augmentèrent.

— Laissez-moi, criait Alban. J'attends ma femme.

— Elle arrive.

— Maman ! Maman !

Louise ne cessait de crier, emportée de force sur le bateau par une lavandière.

Une averse d'étincelles étant tombée, le batelier prit un seau et arrosa les femmes. Il vint aussi lancer de l'eau sur Alban tandis que Stéphane et Reuillard se plongeaient près du ponton. Enfin Catherine reparut, le visage noirci et les cheveux roussis. Elle serrait sous son bras une boîte à biscuits où tressautaient des pièces. De l'autre main, elle traînait un grand cabas où elle avait enfoui quelques objets.

Tous ceux qui se trouvaient encore sur la rive embarquèrent et le lourd bachot s'éloigna lentement le long de son câble.

Chaque fois que les nuées de cendre et de fumée se déchiraient, les gens regardaient en direction de leur maison. Le bac avait à peu près atteint le milieu du fleuve lorsque de sourdes explosions se firent entendre. Les vitres du magasin volèrent en éclats. Porte et fenêtres vomirent des flammes et de la fumée noire.

— Le pétrole, dit Alban. Les bidons.

Presque aussitôt, à l'autre bout, une série de détonations plus sèches crépitèrent.

— Les cartouches, dit Alban.

Sa voix avait quelque chose de résigné qui faisait mal.

— Rien. Restera rien, ragea un homme.

Lorsque la proue toucha l'autre rive, le toit de la laverie venait de s'effondrer. Une longue gerbe d'étincelles monta que le vent rabattit sur l'eau.

Plus loin, il y eut aussi des coups de fusil suivis d'une détonation plus forte.

— C'est le campe à mon oncle, fit Stéphane.

— Sûrement. Il avait pas mal de poudre.

Les dents serrées, Catherine grogna :

— S'il avait été là !

Une autre déchirure des nuées montra le magasin à demi écroulé d'où s'élevaient les flammes bleues du sucre. La réserve brûlait en répandant une odeur de caramel que le vent apportait jusque-là.

— Bon Dieu, on est maudits. Vraiment maudits, soupira Alban.

Catherine serrait sa fille contre elle. Son visage était dur. Totalement fermé. L'enfant ne pleurait plus. Elle semblait fascinée. Ses yeux rouges encore noyés de larmes fixaient l'autre rive où des hommes continuaient d'opposer à l'incendie leurs forces dérisoires.

40

Le combat se prolongea toute la nuit et la journée du lendemain.

La clarté était telle qu'on y voyait autant la nuit que le jour. Autant et aussi mal car la fumée ne cessait de se rabattre en proie à l'incertitude du vent.

Lorsque de larges étendues de résineux étaient atteintes, de grands vols d'aiguilles incandescentes montaient vers l'infini. Au sol, des milliers de pignes pétaradaient, bondissant sur les braises. La sève des feuillus pleurait avec des chuintements malades. Les genévriers s'allumaient, flambaient blanc puis demeuraient debout, incandescents, semblables à des squelettes irrigués de sang.

De partout, les animaux fuyaient. Des rats et des lièvres chassés par la fumée du terrier où ils s'étaient cachés bondissaient, le poil vite enflammé, pareils à des torches folles. Au loin, on entendait hurler les loups et bramer les cervidés. De larges vols d'oiseaux venaient observer à distance cette nuée inconnue et fuyaient vers les lacs.

Après le premier mouvement de panique, les gens s'étaient organisés. On avait conduit les femmes, les enfants et les blessés sur l'autre rive où il semblait que le feu ne viendrait pas. M. Ouimet y avait placé une dizaine d'hommes avec mission de surveiller les foyers allumés par les étincelles qui tombaient jusque-là. Ces veilleurs ne cessaient de courir d'un point à un autre avec leurs pelles pour taper à grands coups sur chaque fumerolle. Il n'y avait que quatre campes et le moulin à scie bâti sur cette rive par des familles récemment arrivées et qui avaient pris des lots. On s'entassa chez ces gens. En fait, seuls les blessés graves demeurèrent à l'intérieur. Les autres vivaient dehors, suivant le combat des hommes contre la forêt enragée.

De l'est comme de l'ouest, des brigades de bûcherons et de terrassiers arrivèrent sur des wagonnets à balancier. Le front se renforça, s'unifia pour une lutte plus serrée.

Raoul remonta en canot au milieu de la nuit. Dès qu'il eut constaté que les siens étaient saufs, il embarqua pour aller se joindre aux autres. Stéphane qu'on avait pu retenir jusque-là échappa à sa mère et partit avec lui. Ils renforcèrent l'équipe dirigée par l'ingénieur. Le gros Luc en était le pilier. On le voyait déraciner, d'un seul geste, de jeunes arbres qu'il brandissait à la manière d'un plumeau pour cogner sur les flammes. Il tenait à lui seul un front aussi large que celui mené par cinq hommes réunis.

Son souffle s'entendait à dix mètres. Riant dans leur rage de lutter, les autres lui criaient :

– Tu vas fondre, gros tas !

Le pachyderme allait, front buté, l'œil mauvais, comme s'il eût engagé avec l'incendie un combat singulier.

Il y eut des moments où ils durent reculer, d'autres où le feu parut s'éteindre pour reprendre de plus belle, attisé par le vent. Lorsqu'un tourbillon forait un puits au cœur des nuées, on pouvait voir un instant le brasillement des étoiles. Le souffle de la forêt semblait éparpiller ses braises sur l'univers entier.

À plusieurs reprises, des hommes furent encerclés par les flammes bondissant à la manière de lièvres. On devinait des silhouettes à travers le rideau, se démenant, vacillant, battant le vide de leurs bras pour s'écrouler, les poumons pris soudain par le manque d'oxygène. Certains s'élançaient dans le feu et fonçaient vers l'extérieur. Les mains sur le crâne, ils se roulaient par terre dès qu'ils avaient réussi à échapper à l'enfer. Leurs compagnons se précipitaient, les fouettant à coups de rameaux pour éteindre leurs vêtements ou arrachant à grands lambeaux le tissu qui flambait.

Beaucoup furent blessés grièvement, d'autres tués par la chute des sapins qui s'abattaient dans un épouvantable fracas.

Une femme périt sous l'écroulement de son toit, alors qu'elle tentait d'emporter on ne sait quel bien plus précieux que sa vie.

Les lutteurs épuisés marchaient parfois en titubant jusqu'à la rivière. Vautrés dans le courant comme des bêtes, ils buvaient à pleine gueule et s'ébrouaient. Les femmes leur tendaient ce que certaines d'entre elles avaient pu sauver de pain ou de lard.

Un train qu'on arrêta à bonne distance amena des vivres et d'autres renforts. Cerné de toutes parts, le feu s'acharnait encore lorsque l'orage creva, illuminant le désastre de ses fulgurations de soufre. Des trombes d'eau s'abattirent que les gens brûlés de partout recevaient sur leur corps et leurs membres comme un baume.

La nuit passa sous ce déluge. Écrasés de fatigue, réveillés ou secoués dans leur sommeil par des cauchemars, les rescapés dormirent pêle-mêle dans les quatre maisons et le moulin à scie.

Le lendemain, avec des gens de la compagnie, un médecin arriva à bord d'un train. Tout le monde pouvait être logé à Cochrane et à Senneterre. Seuls les blessés et les ouvriers envoyés en renfort repartirent, ceux qui déjà se sentaient de Saint-Georges-d'Harricana demeurèrent sur les ruines détrempées. Certains pleuraient, d'autres dormaient, la plupart demeuraient hébétés, écrasés par le vide qui succédait au vacarme.

41

Les trains avaient cessé de passer. Le pont n'était pas détruit, mais endommagé en plusieurs endroits. Des traverses avaient brûlé, les rails s'étaient tordus sur près de deux milles. Les convois qui avaient amené des renforts, ceux qui évacuaient les blessés et livraient du matériel s'arrêtaient à distance, effrayés par le désastre.

Dès que la pluie cessa, le soleil éclatant reparut. Tout se mit à transpirer, la terre, le fleuve, les flaques d'eau, les ruines noires et les gens. Les hommes à la barbe de quatre jours erraient parmi les décombres. D'autres demeuraient assis sur la rive, épuisés par tant d'efforts.

La chaleur obligeait à enterrer le plus vite possible les morts ou ce qui restait des corps calcinés. Il fallut constituer des équipes, fouiller la forêt et les emplacements de maison. Le curé en prit une en main, M. Ouimet une autre, Hector Lavallée une troisième.

À mesure qu'on les découvrait, on les mettait dans des cercueils amenés de Senneterre et que le passeur avait traversés sur son bac. Une fois refermées, on alignait les longues caisses blanches l'une à côté de l'autre. C'était tout ce que l'on voyait ici qui ne fût pas noir. Seule la mort ne portait pas le deuil. Il y avait dix-huit disparus. On finit par retrouver quinze dépouilles. Le fleuve avait emporté les trois manquants.

Bien que les croix aient brûlé, on découvrit aisément les tertres du petit Georges et du pontonnier enterré près de lui. Les hommes se mirent au travail. Ils creusèrent quinze tombes dans la perspective des deux premières. Le train avait aussi apporté des croix. On en prépara dix-sept où l'on inscrivit des noms. Il y aurait dans ce début de cimetière un enfant, quinze hommes, une femme.

Le vent de l'hiver avait ouvert la première tombe, celui de l'été venait de tracer la première allée.

Le petit curé, dont la soutane avait flambé alors qu'il luttait aux côtés des autres en les adjurant de ne point blasphémer, portait une chemise blanche déchirée dans le dos et un pantalon bleu deux fois trop grand pour lui. Son missel étant resté dans l'incendie de la chapelle, il célébra de mémoire l'office des morts. Excepté la femme dont le mari blessé à un pied sanglotait soutenu par deux camarades, aucune des victimes n'avait de famille sur place. M. Ouimet, la tête enveloppée d'un pansement qui lui donnait l'air d'un gros prince des mille et une nuits, prononça quelques mots d'une voix tremblotante. Il loua l'héroïsme de ceux qui étaient morts en combattant le sinistre.

Lorsqu'il eut terminé, le prêtre ajouta que Dieu envoyait cette épreuve aux habitants de Saint-Georges-d'Harricana pour éprouver leur foi. Il y eut dans l'assistance quelques murmures vite couverts par le bourdonnement de la prière collective. Tous ceux qui avaient participé à la lutte en portaient la trace. Des visages cloqués, l'humeur suintait. Les mains étaient labourées de cicatrices. Des chevelures étaient roussies. Plus personne n'avait ni cils ni sourcils.

Ceux qui montraient le plus de douleur étaient les sauveteurs récemment arrivés. Les autres, pour avoir tant subi depuis le début, pour avoir tant combattu et souffert, ne portaient plus dans leur regard que le souvenir d'une immense épouvante. Leurs yeux s'étaient vidés de larmes. Par petits groupes, ces spectres noircis fixaient les fosses béantes, attirés par la paix d'un autre monde, prêts à basculer dans le néant.

Hormis un vent joyeux, levé vers le milieu du jour, la seule chose qui semblât humaine dans tant de désolation, c'était la glèbe fraîchement retournée, luisante encore du fer de l'outil comme le sont les labours récents. Elle seule témoignait de la vie.

Les obsèques terminées, tandis que des hommes de l'extérieur refermaient les tombes, les groupes regagnèrent lentement l'amont du pont. Dans une clairière épargnée, des sauveteurs venaient de dresser de grandes tentes qui allaient permettre aux gens de demeurer sur cette rive. Malgré le vent, l'odeur de brûlé mouillé pesait. Elle imprégnait déjà ce que l'on venait d'amener. Un poids considérable écrasait le pays et les gens.

Alban avait assisté aux obsèques comme à celles du petit Georges, sur sa chaise portée par Raoul et Stéphane. Au retour, le coureur de bois et les Robillard s'arrêtèrent devant ce qui avait été leur premier campe. Ils contemplèrent en silence les ruines de cette demeure où leur enfant était mort, puis celles de la laverie et du magasin général.

Des petites fumerolles montaient encore de l'enchevêtrement de poutres noircies. Ici, c'était l'odeur de caramel qui dominait, comme si quelqu'un se fût caché sous les ruines pour cuire des sucreries.

42

Ils s'installèrent sous une ample toile verte toute neuve où trois couples prirent place également. Une religieuse venue avec le premier train de secours se tenait à l'entrée, pour examiner les blessures et faire des pansements propres. À présent, c'était l'odeur de pharmacie qui dominait. La sœur avait un bon visage rond et lisse, toujours souriant. Avec sa cornette grise et blanche impeccable, elle avait l'air d'un jouet neuf parmi ces gens en haillons. Devant la tente voisine, deux employés du chemin de fer distribuaient des couvertures. Plus loin, on donnait des draps. Puis on ouvrit des colis de vivres et il s'organisa une sorte de marché où tout était gratuit. Raoul alla y chercher du tabac. Lorsqu'il revint en tirant sur sa pipe, Alban observa :

— Moi, j'ai même pas sauvé la mienne.

Le coureur de bois retira de ses lèvres sa longue pipe élégante et la tendit luisante de salive à son beau-frère.

— Tiens. J'ai plus que celle-là qui était dans ma poche. On partagera... Ils ont du papier à cigarettes, le Steph va aller t'en chercher avec du tabac.

Stéphane partit. Alban tira sur sa pipe et Raoul observa en souriant :

— T'as toujours des petits brûle-gueule de rien du tout, mais celle-là te va très bien. T'as l'air d'un nouveau riche.

Alban hocha la tête.

— Tu veux dire : pauvre plus que jamais, fit Catherine.

Elle ouvrit sa boîte à biscuits qui contenait trois ou quatre billets et une vingtaine de pièces. Elle y versa le contenu du sac pris à la caisse avant de quitter le magasin.

— Voilà, fit-elle, c'est tout ce qu'il nous reste.

Raoul reprit sa pipe que lui rendait l'infirme; il tira une bouffée qu'il savoura avec délice, puis il dit :

— Pas tout à fait.

Sans répondre aux questions de sa sœur, il entraîna Stéphane vers ce qui restait de la gare.

Sous la direction d'Hector Lavallée, une équipe inconnue déblayait déjà les décombres encore fumants. Les ouvriers tiraient les poutres qu'ils entassaient de l'autre côté de la voie, arrachaient ce qui subsistait des platelages du quai. Des outils se trouvaient près des aiguillages tordus. Raoul empoigna une pioche et une pelle.

— Prends un croc, dit-il à Stéphane.

Ils laissèrent les ouvriers et s'en furent vers l'ancienne lisière, où l'oncle avait bâti son campe. Les troncs et les moignons encore debout se consumaient à cœur. Des souches fumaient.

De l'antre du trappeur, il ne restait qu'un amoncellement de bois charbonneux et de peaux qui puaient atrocement. Sans hésiter, Raoul alla vers un point qu'il se mit à déblayer. Stéphane l'aidait, tirant au croc les cuirs détrempés à demi calcinés d'où s'élevait une fumée irrespirable. Très vite, ils atteignirent le sol à côté d'un pilier d'angle dont un morceau restait debout. Le trappeur donna une dizaine de coups de pioche puis dégagea à la pelle la terre remuée. Bientôt l'outil racla du métal. Se baissant, Raoul retira de sa cache une boîte en fer ronde qui portait encore l'inscription en rouge et jaune sur fond bleu : « Tabac fin ».

– C'est des bonnes boîtes, fit-il. Ça rouille pas vite.

– Tu l'avais enterrée ?

– Toujours. À cause du feu.

Ils échangèrent un sourire et Raoul ajouta :

– C'est une vieille habitude. Ça m'avait jamais servi, et tu vois !...

Il n'acheva pas sa phrase. Il posa sa main sur la nuque de Stéphane avec un hochement de tête qui voulait dire : C'est mieux que rien.

– On reviendra demain. Y a certainement des choses en métal qu'on peut récupérer.

Ils reprirent leurs outils. La lumière déclinait. Le fleuve s'empourprait plus vite que le ciel où montait une buée transparente.

Près du magasin général, ils entrèrent dans les ruines. Au centre, toujours fiché dans son billot qui n'avait pas brûlé entièrement, ils trouvèrent le col-de-cygne du cordonnier. Sa bigorne aussi était là. Ils les prirent et regagnèrent la tente.

La vie s'organisait. Des gens mangeaient des conserves, d'autres cuisaient des œufs sur de petits réchauds à alcool. On venait de leur donner ce qui constituerait le début de leur nouveau ménage.

Sur une caisse vide, Catherine avait posé des assiettes toutes neuves. Du pain, du lard étaient coupés. Un gros gâteau où luisaient des fruits confits attendait sur un papier.

— On mourra pas de faim, dit Alban.

Raoul tendit à sa sœur la boîte à tabac qui contenait un rouleau de billets. Les yeux de la jeune femme interrogèrent.

— Ça sera le début pour reconstruire, dit le trappeur.

Montrant le col-de-cygne et la bigorne qu'ils venaient de poser près de la sacoche d'outils sauvée par Alban, il ajouta :

— C'est encore toi qui vas te remettre au travail le plus vite, mon pauvre vieux !

Le gros Luc arrivait, la face bariolée de teinture d'iode; il leva un pied pour montrer sa chaussure brûlée. Remuant ses orteils qui dépassaient, il dit :

— Faudrait même que tu traînes pas trop. C'est pas l'ouvrage qui manque.

Ils se regardèrent un instant, puis le rire les prit.

— Tout de même, tout recommencer, soupira Alban, c'est pas rien.

– On vous aidera, fit le géant. L'ingénieur assure que l'État va vous dédommager.

Ils se mirent à table. Un long moment ils mangèrent en silence. À côté, d'autres groupes parlaient.

Au bout d'un moment, Catherine dit à son frère :

– Cet argent, si tu t'en vas, t'en auras besoin.

Raoul haussa les épaules.

– Comme si j'allais partir tant que c'est pas reconstruit !

Une lueur de joie profonde éclaira le regard de Catherine. Personne ne souffla mot, mais les visages exprimaient la gratitude. Un silence passa encore, puis ce fut Raoul qui se mit à parler :

– Le magasin, faudra le faire autrement. C'était mal organisé...

Il donna son avis, puis Catherine le sien. La discussion s'engagea.

Ils étaient venus là pour faire le pays, ils le feraient. Ils savaient avec certitude qu'ils ne partiraient pas. On ne renonce pas à une ville qui vous a pris votre enfant pour en faire son premier mort.

Ils parlèrent longtemps. La nuit était tombée. Des lampes tempête s'étaient allumées à l'entrée de chaque tente. On évoquait les victimes, mais surtout, on s'entretenait de ce qu'allaient entreprendre les vivants.

La nuit était déjà bien avancée lorsque Raoul tira de sa poche son harmonica qu'il tapa trois fois dans sa paume avant de le porter à ses lèvres. En sourdine, puis un peu plus fort, il se mit à jouer un vieil air un peu triste qui donnait envie de fredonner.

Saint-Télesphore, été 1978
Morges, 7 juillet 1982

L'auteur remercie toutes celles et tous ceux qui lui ont ouvert les portes de ce Royaume du Nord, depuis les survivants de ces pionniers jusqu'à ceux qui, aujourd'hui, en racontent l'histoire.

Ce livre est un roman inspiré de la réalité mais qui n'a aucune prétention historique.

L'auteur s'est gardé d'employer un langage qui n'eût été accessible qu'aux initiés. Il n'a gardé des termes locaux que ceux qui, comme campe, *n'ont pas de véritable équivalent.*

Littérature

Cette collection est d'abord marquée par sa diversité : classiques, grands romans contemporains ou même des livres d'auteurs réputés plus difficiles, comme Borges, Soupault, Goes. En fait, c'est tout le roman qui est proposé ici, Henri Troyat, Bernard Clavel, Guy des Cars, Alain Robbe-Grillet, mais aussi des écrivains tels que Moravia, Colleen McCullough ou Konsalik.

Les classiques tels que Stendhal, Maupassant, Flaubert, Zola, Balzac, etc. sont publiés en texte intégral au prix le plus bas de toute l'édition. Chaque volume est complété par un cahier photos illustrant la biographie de l'auteur.

2153

Composition Communication à Champforgeui
Impression Brodard et Taupin
à La Flèche (Sarthe) le 30 juin 1989
1574B-5 Dépôt légal juin 1989
ISBN 2-277-22153-8
1er dépôt légal dans la collection : avril 1987
Imprimé en France
Editions J'ai lu
27, rue Cassette, 75006 Paris
diffusion France et étranger : Flammarion